GLOBAL NEGOTIATIONS

나는 영어로 협상한다!

국제협상을 성공으로 이끄는 전략영어

임향옥

한국외국어대학교 출판부

✣ 국립중앙도서관 출판시도서목록(CIP) ✣

나는 영어로 협상한다 : 국제협상을 성공으로 이끄는 전략영어 / 임항옥 -- 서울 : 한국외국어대학교출판부, 2008
p.; cm

ISBN 978-89-7464-505-2 13740 : ₩12000

영어회화 [英語會話]
국제협상 [國制協商]

747-KDC4
428-DDC21 CIP2008002509

머리말

최근 한미 FTA(자유무역협정)의 타결과 함께 한국과 미국 양측의 협상과정이 세간의 주목을 받았다. 어느 쪽이 더 나은 협상전략을 썼는지, 유리하게 협상을 이끌어 갔는지에 대한 분석과 비판이 이어졌다. 한미 FTA와 같은 국가 간의 협상뿐 아니라 국제적인 교류, 글로벌 비즈니스에서도 수많은 협상이 이루어진다.

현재 우리가 살아가고 있는 시대는 과거 어느 때보다도 다양하고 빈번한 국제적인 접촉과 교류가 이루어지고, 이 과정에서 의도하든 의도하지 않았든 협상과정을 경험하게 된다. 또한 국제적인 협상이기에 협상의 주 언어로 구사해야 하는 영어 능력 또한 필수적으로 요구된다. 물론 각 국가의 고유한 문화와 언어가 추가적인 변수로 작용한다는 점에도 주목해야 한다.

이 책은 국제협상의 장에서 보다 유리하고 여유 있는 자세를 견지할 수 있도록 협상에 대한 기본적인 개념에서부터 시나리오, 관용 표현에 이르기까지 상세히 다루고 있다.

제1부에서는 우선 협상의 개념정리와 전략 등에 대한 기본적이고 전반적인 개념을 다루었다. 제2부에서는 각 나라의 문화적인 차이와 협상에 대한 국가별 접근방법을 통해 협상 상대에 대한 이해가 가능하도록 하였다. 제3부에서는 실제 가능한 협상 시나리오에 따라 상황별로 적절한 표현과 함께, 상황을 이해할 수 있는 자료도 제공하였다. 제4부에는 효과적인 커뮤니케이션을 위한 공개 발표와 서신에 대한 설명이 있다. 제5부에서는 협상과 관련된 관용구와 용어를 모아 수록하였다.

국제협상에서 우리말이 아닌 영어로 직접 협상을 해야 한다는 것 자체가 우리에게 불리하지만 이러한 상황에서도 보다 정확하고 세련된 영어를 구사해야 하는데, 이 책이 어려운 고비를 극복하는 데 조금이나마 도움이 되길 바란다. 이를 통해 잘 다듬어진 세련된 영어와 협상 상대의 문화적 배경에 대한 이해까지 두루 갖춘 국제협상을 위한 준비된 인재들이 보다 많아지길 기대한다.

2008년 8월

저자 임향옥

목 차

GLOBAL

제1부

협상이란

NEGOTIATIONS

1. 협상에서 고려할 것들
2. 협상을 위한 체크리스트
3. 협상을 위한 회의 기획
4. 협상과 통역
5. 협상 전략

협상이란 1부

1 협상에서 고려할 것들

1) 상대방은 몇인가?

협상을 하면서 상대방이 몇인가 즉 양자협상인가 다자협상인가에 따라 상당히 다른 양상을 띠게 된다. 물건을 사고 팔 때는 사는 사람(buyer)과 파는 사람(seller)의 양측이 있다. 그러나 일반 소비자가 자동차를 사려고 할 때는, 사는 사람은 한 사람이지만 파는 사람은 다수이다. 국내 자동차의 브랜드도 여럿이지만, 외국 자동차 회사의 브랜드까지 다양한 업체가 소비자의 마음을 사로잡기 위해 치열한 경쟁을 벌인다. 또 사는 사람이 다수이고 파는 사람이 한 사람인 반대의 경우도 있다.

국제관계에 있어서도 마찬가지로 한미, 한일, 한중 등 양자 간의 협상이 있지만 또 한편으로는 양자가 아닌 다자간 협상도 있다. 협상 상대방이 여럿인 경우, 협상의 목적을 달성하기 위해 한 나라씩 다루는 것보다 성향이 비슷한 국가별로 접근하는 것이 유리하다. 하지만 사안별로 비슷한 성향의 국가가 늘 고정되어 있는 것은 아니다. 협상의 목적 달성을 위한 '편'은 상당히 유동적이어서, 때로는 나의 적의 적이 나의 친구가 될 수도 있다. 협상에서 상대방이 몇 인가는 주요한 고려 대상이다.

2) 상대방이 다 같은 생각인가?

국가별로 조금씩 다르지만 대부분의 경우, 처음 만나면 '우리의 입장은 이렇고 상대방의 입장은 이렇다'라고 간단 명료하게 의사를 표명한다. 하지만 시간이 지나면서 상대방과 대화를 계속 하다 보면 때에 따라 상대방의 입장이 그다지 획일적이지 않은 경우도 있음을 깨닫게 된다. 같은 입장이라 하더라도 가치관이 다를 수 있기 때문이다. 서양에서는 상대방과 의견이 다른 경우, 오히려 상대방에게 이를 전달하려는 경향이 있다. 식사 시간이나 커피 브레이크 때, 편안한 마음으로 대화를 하면서 알려 주고, 알게 될 수 있다. 상대방이 한 사람인 경우에도 내부적인 갈등이 있을 수 있다. 특히 무역협상의 경우, 개인의 가치관과 회사에서 원하는 바가 상이할 수 있다. 협상에는 내부 또는 외부적으로 갈등 요소가 있다는 것을 인지해야 한다.

3) 일회적인가 반복적인가?

한 번에 끝나는 협상에서는 다소 과장된 발언을 하게 된다. 집을 살 때가 이런 경우로, 장점만을 극대화하려는 경향이 있다. 반대로 여러 번 만나서 협상을 해야 하는 경우가 있는데, 이 경우에는 협상의 내용과 결과가 다음 협상에 영향을 주게 된다. 그러므로 반복적인 협상의 경우에는 이런 요소를 고려하여 더 신중하고 솔직하게 접근해야 한다.

4) 결과의 영향은?

민간 차원뿐만 아니라 국가 차원에서 흔히 볼 수 있는 상황이다. 해당 협상은 끝이 나도 그 외에 유사한 협상들이 있기 때문에 상당한 여파가 있을 수 있다. 예를 들어, 한미 FTA(자유무역협정)는 한국과 미국 간의 협상이지만 그 여파로 한-캐나다, 한-EU 등과 같은 다른 자유무역협정에 영향을 주게 된다. 어떤 사안에 대해 한번 결정이 나면 다른 국가에서도 그와 같은 수준을 요구하기 때문이다.

5) 이슈가 하나인가 여러 개인가?

집을 살 경우에는 최종가격이 제일 중요한 이슈가 된다. 노사협상에서는 복지 문제도 다뤄지긴 하지만 대부분의 경우, 임금문제가 핵심이다. 한 가지 이슈의 협상도 있지만 복합적인 이슈들이 있는 경우가 많다. 서로 대립을 하기 보다는 파이를 키워서 서로가 더 많은 것을 얻어갈 수 있도록 협상하는 것이 바람직하다.

6) 최종 승인이 필요한가?

국가 차원에서는 의회가 승인을 한 다음에 대통령이 최종 승인해야 하는 경우가 있고, 노조의 경우에는 노조 대표들이 합의를 한 다음 노조원들의 투표로 수용 여부가 결정되기도 한다. 회사의 경우에는 이사회의 승인을 받기도 한다. 이렇게 협상에서 결정한 내용들이 바로 적용되지 않기도 하는데, 이를 협상전략으로 사용하는 경우가 있다. 협상 대표자 본인은 더 많은 양보를 하고 싶지만 최종 결정권자가 아니라는 핑계로 더 많은 양보를 얻어내기도 한다.

7) 시간제약 또는 시간관련 비용이 있나?

어떤 사람들은 시간에 쫓기면 일을 잘 못하기도 하고, 또 어떤 사람들은 마감이 임박해야만 거기에 맞춰 일을 하기도 한다. 개인의 성격에 따라 다를 수 있지만, 문화적인 차이도 있다. 협상을 할 때 시간제약은 하나의 변수로 작용할 수도 있고, 한편으로는 전략적으로 이용되기도 한다. 어떤 특정 과일의 매매 협상을 예로 들어보자. 풍작이라 평년보다 많은 수확을 했지만 이를 저장할 창고가 부족한 상황이다. 생산자는 과일을 제때 팔지 못하면 폐기해야 하는 상황이기 때문에 싼값으로라도 빨리 팔아야 하고, 구매자는 이 사실을 알고 시간을 끌면서 계속 값을 내리려고 한다. 하지만 너무 오래 끌면 과일 자체가 상하기 때문에 상품가치는 떨어지고 만다. 이처럼 시간의 제약이 주는 득과 실, 시간 때문에 발생하는 비용은 협상에서 반드시 고려해야 하고, 적절하게 이용할 수 있어야 한다.

8) 계약서가 구속력이 있나?

전세계적으로 계약서가 동일한 법적 구속력을 갖는다고 생각할 수 있지만 나라마다 계약서를 다루는 방법은 다르다. 미국의 경우에는 계약서를 철저하게 따르기 때문에 위반하면 즉시 조치를 취하게 된다. 미국인들이 서로를 쉽게 고소하고 변호사들이 그렇게 많은 이유도 바로 여기에 있다. (2008년 현재 미국에 변호사 수가 백십만 명을 넘는다.) 하지만 고소를 하나의 문제해결 방법으로 보기 때문에 고소가 관계에 악영향을 주거나 단절을 의미하지 않는다. 생사가 걸린 문제가 아닌 이상 계속해서 사업을 하면서, 한편으론 법정에서 문제를 해결해 나간다. 서구국가에서 대체로 계약서의 위력이 상당한 것에 비해 또 다른 국가에서는 계약서의 개념이 다르다.

9) 공개인가 비공개인가?

보통 때 아무렇지도 않게 행동하다가 갑자기 카메라가 있으면 행동이 달라지는 경우가 많다. 카메라를 의식해서 다른 사람처럼 행동하거나, 아예 외면하기도 한다. 언론이 특정 협상을 주목하게 되면 협상의 성격이 달라질 수 있다. 언론플레이를 잘하여 협상에서 더 많은 양보를 얻어내는 경우가 종종 있다. 언론플레이를 잘 하는 사람을 sound bite의 귀재라고 한다. 매일매일 많은 뉴스거리가 쏟아지는데 내가 한 말이 뉴스에 나오도록 하려면 짧지만 의미 있는 말을 해야만 한다. 그래야 뉴스에서 다루어질 확률이 높아진다. 이것을 sound bite라고 한다. 정치가들이 특히 이에 능통하며 이를 위한 훈련도 따로 받을 정도이다. 그래서 어떤 이슈에 대해 질문을 받더라도 짤막하고 적당한 답변이 나올 수 있도록 항상 준비되어 있다. 협상이 공개인지 비공개인지에 따라 그에 따른 전략도 다양하다. 비공개협상에서는 서로의 진정한 모습을 보여줄 수 있는데 반해, 매일매일 모든 전략과 발언이 공개되는 공개협상에서는 오히려 입지가 좁아질 수 있다.

10) 제3자 중재가 가능한가?

동양에서는 중개 또는 조정의 역사가 길다. 동양의 문화적 정서와 잘 맞기 때문이다. 반면 서양에서는 제3자의 개입 없이, 직접 상대하거나 대화한다. 하지만 중재자로 인해 교착상태에 돌파구를 만들 수 있는 경우도 상당히 많은 것이 협상의 현실이다. Third-party intervention(제3자 중재)은 특히 복잡하고 확실하지 않은 상황에서 도움이 될 수 있다.

2 협상을 위한 체크리스트

전쟁은 실전 상황이기 때문에 군인들은 미리 훈련을 받는다. 협상도 참석하기 전에 미리 준비를 하고 가는 것이 중요하다. 그렇지 않으면 할 일은 많은데 무엇부터 해야 할지 모를 뿐 아니라 서두르게 된다. 다음은 협상하기 전에 무엇을 준비를 해야 하는지 간략하게 설명한다.

1) 원칙과 대안

소크라테스는 '너 자신을 알라'고 했고, 보이스카우트들의 모토는 'Be prepared' 즉, '항상 준비하라'이다. 마찬가지로, 협상에 임하기 전에 무엇을 원하는지 잘 알아야 하고 이를 위해 준비해야 한다. 또한 협상이 성사되지 못하면 어떤 결과가 있을 것인지를 잘 생각해야 한다. 좋은 대안은 무엇인지 분석하고, 어디까지 양보할 수 있는지 정해야 한다. 그리고 목표 달성을 위한 모든 무기를 준비해야 한다. 자료, 정보 수집, 논리적인 논쟁 등이 바로 그 무기에 해당한다.

2) 상대방

나 자신을 아는 것만큼 상대방도 알아야 한다. 협상이 성사되지 못하면 상대방에게 어떤 영향이 있을지 생각해 봐야 한다. 상대방의 원칙과 대안, 마지노선이 무엇인지 과거에는 어떻게 협상했는지 파악해야 한다.

3) 진행단계

협상을 어떻게 끌고 갈 것인지 정해야 한다. 한번에 끝낼 것인지 아니면 단계적으로 할 것인지, 각 단계별 목표는 무엇인지 확인하고 준비해야 한다. 또 단계별로 어느 선까지 솔직하게 접근할 것인지, 상대방의 모든 발언을 다 믿을 수 있는지도 점검 대상이다.

4) 물리적 · 인적 구성

팀 구성은 어떻게 할건지. 누가 발언을 할건지. 각각 어떤 역할을 할 건지. 전문적인 협상가의 도움이 필요한지. 언제 어디서 할 것인지. 어떤 언어로 진행할 건지. 통역을 쓸 것인지. 통역을 고용한다면 어느 측에서 고용할 건지 등등 협상과 관련된 물리적·인적 구성에 대한 상세한 계획이 필요하다.

5) 시뮬레이션

역할을 분담해서 시뮬레이션을 해보는 것도 좋은 준비이다. 특히 어떤 전략을 선택할 것인지 결정하는 데 많은 도움을 줄 수 있다.

“shape of the table” issues

베트남전의 종전을 선언하기 전에 파리 평화 협상 (Paris Peace Talks)이 있었는데 몇 개월 동안 테이블의 모양에 대해 논의를 하느라고 별다른 진전이 없었다.

지금은 부수적이고 구체적이지 못한 것을 문제 삼는 것을 보고 shape of the table issues이라고 한다.

3 협상을 위한 회의 기획

협상을 위한 회의가 어떻게 진행되느냐에 따라 협상의 결과도 영향을 받는 만큼 회의의 원활한 진행을 위해 의제, 장소, 시간표를 잘 기획해야 한다.

1) 의제

회의가 열리기 전에 참석할 모든 구성원들이 의제에 대해 합의를 해야 한다. 협상전략에서 상세하게 설명하겠지만 우선 간략히 짚어보자면, 의제 때문에 회의의 결과가 좌우될 수 있기 때문에 논의할 내용 그리고 순서까지 사전에 정해야 하며 회의가 개회되면 제일 먼저 해야 하는 것이 바로 의제 채택이다.

의제에 있어서도 문화적인 차이가 있을 수 있는데 예를 들어, 미국인들은 한 이슈를 모두 해결 한 다음, 다음 이슈로 넘어가기를 선호한다. 반면 동양문화권 특히 일본과 같은 국가에서는 여러 이슈를 한꺼번에 다루는 것을 더 선호한다. 한 이슈에 대해 결론을 내리지 않은 채 다른 이슈에 대해 논의를 계속한 다음 마지막에 가서 합의를 본다. 하지만 마지막까지 기다려야만 결론을 알 수 있기 때문에 서양 사람들은 이런 방식에 대해 상당히 불안해 하고 불편해 하는 경향이 있다.

2) 장소

회의장소는 다음의 세 경우로 크게 나눌 수 있다. 첫째, 자국 둘째, 상대국 셋째, 제3국이 될 수 있다. 운동경기에서도 home advantage가 있듯이 자국에서 회의를 하면 심리적으로 마음이 편하기 때문에 상대방에 대한 자신감을 가지고 회의에 임할 수 있다. 또 먼 거리를 여행할 필요도 없고, 시차 적응 할 필요도 없다. 입에 안 맞는 음식을 먹지 않아도 되고, 낯선 호텔방에서 잠을 뒤척일 필요도 없기 때문에 육체적으로도 훨씬 안정적인 상태이며, 시간적으로도 필요한 자료를 더 많이 준비할 수 있고, 언제든지 추가 자료도 구할 수 있는 장점이 있다.

그 반면 away 일 경우, 즉 상대국에서 회의를 할 경우에는 상대방 국가나 회사, 공장 등을 방문할 수 있는 기회가 된다. 상대방의 입장을 더 잘 이해하는데 도움이 될 수도 있고, 더 많은 관계자를 만날 수 있기 때문에 장기적으로는 양측 관계의 폭을 넓히는 데 도움이 된다.

어디서 개최를 해도 장단점이 있기 때문에 번갈아 가면서 회의를 개최하는 경우가 많다. 또한 비용 문제도 있기 때문에 한 쪽만 계속해서 지출하는 것이 불공평할 수도 있다.

그 외에 제3국에서 회의를 개최하는 경우가 있다. 쉬운 예로 '6자회담'은 주로 베이징에서 개최되는데, 이는 정치적으로 미묘한 문제 때문이다.

3) 시간표

시간표는 회의 참석자의 행동지침서이다. 비현실적인 시간표를 작성하게 되면 오히려 역효과를 초래한다. 국제학술대회와 같은 국제회의의 경우에 비용 문제 때문에 너무 많은 연사를 한 세션에 배정하게 되면, 발표하는 사람이 시간에 쫓기기 때문에 말을 빨리 하거나 핵심만 너무나 간단하게 설명해서 발표자의 의도가 제대로 전달되지 않는 경우가 있다. 게다가 이러한 발표가 있은 후에 '배포된 자료를 참조해주시기 바랍니다.' 혹은 '개인적으로 발표자에게 연락을 하면 답변을 하겠습니다.'라고 하지만 그렇다면 굳이 비싼 돈을 주고 회의에 참석하거나 개최할 필요가 없었던 것이다. 협상의 경우에는 의제에 따라 많은 이슈들을 해결해야 하는데, 시간을 충분히 할애하지 않으면 사람들이 쫓기는 기분을 느낄 것이고 충분히 논의한 다음에 결정하지 않았다는 불만과 함께, 합의 도출에 어려움이 생길 수 있다. 한편 시간표에서는 회의 자체만큼 식사시간이나, 휴식시간도 잘 계획해야 한다. 국제회의에서 어느 정도의 공통된 기준들이 있지만 문화적인 차이도 작용한다. 예를 들어, 우리나라에서는 12시에서 1시 사이가 점심시간이지만, 유럽의 많은 나라에서는 1시부터 점심을 먹는 것이 일반적이다. 그렇기 때문에 한국 사람들은 11시 30분 무렵부터 점심 얘기가 없거나 혹은 회의가 길어지면 다소 불안해 하지만, 유럽 사람들은 그때 점심 얘기를 하면 너무 이른 것이 아닌가라고 생각한다.

소규모 회의에서 회의 테이블 옆에 다과를 준비해 두고, 참석자들이 원할 때 자유롭게 차를 마시거나 간식을 먹을 수 있게 하는 경우에, 우리나라 사람들은 꺼려하다가 다른 사람들이 먹기 시작하면 그때부터 먹는다. 문화적인 차이도 시간표 기획에서 고려해야 할 주요한 요소이다.

Love tests

연애를 하면서 상대방이 진정으로 나를 사랑하는지 시험하는 경우가 종종 있다. 협상하면서도 상대방이 진정으로 이 일을 성사시키고 싶은지 확인하기 위해 love test를 한다고 한다.

---

4 협상과 통역

1) 협상언어

국제무대에서 영어가 사실상 lingua franca(링구아 프랑카)이기 때문에 영어로 협상을 하는 경우가 일반적이다. 영어로 협상을 하는 경우, 상대방의 모국어가 영어이면 상대방에게 어드밴티지를 주는 것이고 상대방의 모국어가 영어가 아닌 경우에는 양측이 똑같은 조건이긴 하지만, 오해가 발생할 소지도 그만큼 커진다. 같은 영어를 구사하더라도 세계적으로 영어를 모국어로 사용하는 나라가 많기 때문에 그만큼 다양하고 용어와 표현이 다른 경우가 있다. 물론 표준영어 보다 colloquial(구어체)와 속어에 더 큰 차이가 있다. 예를 들어, 미국 사람한테 'grass'라고 하면 집 앞의 풀 혹은 속어로 대마초라고 생각한다. 하지만 영국 사람의 경우에 'grass'라 하면 범죄자들 사이에서 경찰한테 정보를 흘린다는 뜻의 동사로 생각한다. 나이지리아에서는 젊은 남자들이 별로 예쁘지 않은 여자를 가리켜 'just grass'라고 한다.

미국 사람에게 "He was really pissed."라고 하면 그 사람이 상당히 화가 났다는 뜻으로 받아들이지만, 상대방이 영국 사람 또는 뉴질랜드 사람인 경우에는 그 사람이 상당히 취했었다는 뜻으로 이해한다.

오히려 모국어가 다른 외국 사람하고 대화를 할 때는 이해를 제대로 했는지 확인하면서 대화를 하는 경향이 있지만, 모국어가 같으면 이런 함정이 있다는 것을 잘 인지하지 못해 때로는 오해의 소지가 생길 수 있다.

협상언어와 관련해 세 가지 상황으로 분류할 수 있다. 첫째, 양측의 모국어가 영어인 경우, 둘째, 한 측의 모국어가 영어이고 또 다른 측은 아닌 경우, 셋째, 양측 모두 모국어가 영어가 아닌 경우이다. 양측의 모국어가 영어인 경우에도 문화권의 차이로 인해 용어가 상이하게 쓰이는 경우도 물론 빈번하다. 그러므로 언어 때문에 얼마나 많은 오해가 생길 수 있는지는 상상 그 이상이다.

2) 통역사의 고용

내용 전문가가 협상언어에도 능통하여 협상에 임할 수 있다면 바람직하지만, 그렇지 않은 경우가 대부분이다. 그렇다면 전문통역사를 고용하여 협상에 임할 수 있다. 통역사를 고용할 때, 가장 중요한 것은 자격 있는 통역사를 고용하는 것이다. 겉보기에 영어가 유창하거나 또는 영어권에서 살았다고 해서 통역을 맡겼다가 낭패를 본 경험이 있을 것이다. 또 무역협상의 경우, 자사의 사원에게 통역을 맡기기도 하는데, 통역 임무 외에 고유업무가 있기 때문에 온전히 회의에 전념하지 못하는 경우도 많다.

이런저런 경험 후에야 자격 있는(qualified) 통역사의 중요성을 절실하게 느끼게 된다. 여기서 '자격 있는 통역사'라는 것은 정식 통역교육을 받은 사람을 의미한다. 80년대만 해도 한국에 통역번역대학원이 한 곳에만 있었지만 최근 학부 과정 외에 전문 대학원만 14곳이 있다.

정식교육을 받은 통역사를 고용할 때에도, 이력서를 면밀히 검토하여 주로 어떤 일을 했는지, 고정 고객이 있는지 등을 보고 통역사의 실력을 제대로 가늠해 봐야 한다. 큼직한 고객도 중요하지만 특정 분야의 단골 고객이 얼마나 많은지를 보면 그 실력을 어느 정도 파악 할 수 있다.

통역사는 교육을 받을 때 내용을 충실하게 통역해야 한다고 배운다. 한-영 통역의 경우 통역사들이 대부분 한국 사람이기 때문에 협상국 간의 국가적인 이해가 상반될 때에는 통역사는 난처한 입장에 처하기도 한다. 하지만 고용한 고객이 따로 있기 때문에 이를 우선시해야 하고, 윤리강령을 지켜야 하기 때문에 통역 내용을 그 누구에게도 밝힐 수 없다.

3) 통역사 활용전략

통역사의 고용이 결정되면, 최대한의 효과를 얻기 위해 사전에 통역사에게 충분한 자료를 제공하여, 준비하도록 하는 것이 바람직하다. 아직도 많은 사람들이 통역사는 거의 기계적으로 통역을 한다고 착각하지만, 내용을 이해하지 못하면 통역의 정확성이 떨어지기 때문에 사전에 배경 설명과 고객이 원하는 것을 자세하게 설명하여 통역할 수 있도록 해야 한다. 예를 들어, 몇 차례 협상 동안 많은 진전이 있었지만 가격에 합의를 이루지 못한 협상의 경우라면, 이번에 가격을 조금 양보하는 대신 계약 기간을 연장하는 것이 목표라고 원하는 것을 확실하게 통역사에게 배경 설명해야 통역할 때 음양으로 도움을 받을 수 있다.

4) 의사 발언과 통역

통역이 있는 경우, 의사 발언을 자국어로 하게 되고, 상대방이 그것을 이해하지 못한다고 해도 통역사한테 직접 말을 해서는 안되고, 상대방을 쳐다보면서 대화상대로 대해야 한다.

비용 절약을 위해 상대방에서 통역사를 고용했을 때 같이 이용하는 경우도 있지만, 중요한 협상인 경우에는 각각 자기 측 통역이 있는 것이 바람직하다.

때에 따라 회의 자체가 영어로 진행되어 회의 내용을 통역할 필요가 없지만 상대방이 비밀리에 하는 말을 통역해 달라고 하는 경우가 있기 때문에 상대방의 통역사가 있을 때 비밀 얘기는 안 하는 것이 좋다.

그 외에 회의가 영어로 진행되는데 통역을 쓰는 경우는 하나의 전략으로 볼 수 있다. 시간 벌기에 적격이다. 이미 다 알아들었을 경우, 상대방이 말을 할 때 어떻게 답변을 할건지를 생각할 수 있는 좋은 장치다.

Question: What do you call someone who can speak two languages?

Answer: Bilingual

Question: What do you call someone who can speak three languages?

Answer: Trilingual

Question: What do you call someone who can speak only one language?

Answer: American.

질문: 2개 언어를 구사하는 사람을 뭐라고 하나?

답변: 바이링구얼

질문: 3개 언어를 구사하는 사람을 뭐라고 하나?

답변: 트라이링구얼

질문: 1개 언어를 구사하는 사람을 뭐라고 하나?

답변: 미국인.

<전세계적으로 비즈니스, 과학, 인터넷 등 모든 분야에서 영어가 공용어로 사용되기 때문에 미국인은 외국어를 배우려는 의지가 그만큼 강하지 않다.>

---

5 협상 전략

협상전략은 책을 한 권 쓸 수 있을 정도로 다양하다. 어떤 전략을 선택할 것인지는 주로 협상하는 당사자들, 협상가 간의 관계, 장소, 시간 제약, 목표 등의 변수에 따라 결정된다. 협상전략을 선택할 때는 이런 변수들을 고려하여 제일 잘 맞는 전략을 고르는 것이 관건이다. 다른 협상에서 쓴 전략을 그대로 모방한다고 해서 같은 결과를 기대할 수 있는 것이 아니기 때문이다.

1) Agenda (의제)

국제회의에서는 의제에 대해 많은 논의를 하고 회의를 소집할 때 tentative agenda(잠정 의제) 또는 agenda draft(의제 초안)를 같이 보낸 다음 회의를 시작하면서 의제가 통과 되어야만이 정식으로 개회할 수 있다. 반면 비즈니스관련 회의에서는 의제의 중요성에 대해 인식이 낮은 편이다. 하지만 의제가 회의 전체를 좌지우지할 수 있다고 해도 과언이 아니다.

의제에 따라 논의 내용이 결정되기 때문에 주도권도 결정 될 수 있다. 회의가 있기 전에 의제에 대해 합의하는 것이 중요하다. 계약서가 아니기 때문에 상대방이 제안한 의제를 수정할 수 있지만 항상 사전에 즉, 회의 시작하기 전에 수정해야 하고 회의가 시작되면 그대로 진행해야 한다. 회의 시작 후 논의가 불리한 방향으로 간다고 해서 "이 의제에 대해 논의하지 않겠다." 또는 "이러한 의제에 대해도 논의 하고 싶다."고 하는 것은 달리다가 말을 바꾸는 것과 같기 때문에 매너가 아니다.

* To change/swap horses in mid stream

달리는 도중에 말을 바꾸다; (계획 등을) 중도에서 변경하다

예) I realize that you don't like the subcontractor but he's just started to understand our concept. I don't think it'd help if we changed horses in mid stream.

당신이 하청업자를 탐탁하지 않게 여긴다는 것은 알고 있지만, 그가 이제 막 우리의 개념을 이해하기 시작했으므로, 도중에 계획을 바꾼다면 도움이 되지 않을 거라 생각합니다.

* Agenda

우리말에서는 '의제'라고 하면 전체 의제를 말하고 또 그 전체 의제에 속하는 각각의 '세부 의제'도 말한다.

하지만 영어에서는 agenda는 전체 의제를 의미하고 거기에 속하는 세부 의제는 item on the agenda 또는 number X on the agenda라고 한다.

예) Do you all agree on the agenda? (의제를 승인합니까?)

Fine. In that case, we can now move on to item number one on the agenda.

(좋습니다. 그렇다면 의제 1로 넘어가겠습니다.)

Regarding number four on the agenda, the treasurer's report, since you have received the final, written report, I don't think we have to read it again.

(의제4 즉, 재무보고와 관련해서 최종 서면 보고서를 받으셨으니까 굳이 다시 읽을 필요는 없는 것 같습니다.)

* Hidden agenda

'숨은 의제' 또는 '숨겨진 의도'는 부정적인 의미로 회의 참석 목적 또는 협상 목적이 겉으로 보이는 것과 달리 다른 곳에 있을 때 쓰이는 표현이다.

2) Change the negotiator (협상가 바꾸기)

장기적인 협상의 경우에 서로가 서로를 어느 정도 잘 알게 되고 서로의 성격이 파악된 다음 갑자기 상대방이 바뀌면 다시 원점으로 돌아가는 기분이 든다. 서로를 알게 되면 예측할 수 있는데 새로운 사람이 오면 갑자기 예측불허의 상황이 생긴다. 이러한 상황에서는 새로 온 협상가가 유리할 수 있다. 전임자가 한 약속을 철회할 수도 있고 새로운 이슈를 제시하고 협상의 분위기 전체를 바꿀 수도 있다. 이런 경우, 그전부터 참가했던 협상가가 과거에 있었던 일을 모두 설명해야 하는 입장이 된다.

우리나라에서 특히 많이 벌어지는 상황이라고 외국사람들은 말한다. 회사 또는 정부부처를 방문할 때마다 새로운 사람을 만나야 한다면서 더러 불평을 토로하는 경우가 있다. 하나의 전략으로 일부러 협상가를 바꾸는 경우도 있지만 때로는 이와 무관하게 담당자가 바뀌어서 그런 경우도 있으니, 상황 파악을 잘해서 적절히 대처해야 한다.

3) Deadlines (마감시한)

진전이 전혀 없다가 마지막 순간에 가서 모든 참석자가 합의에 이르는 경우가 생각보다 많다. 마감이 임박할 때 합의를 하면 결론을 짓게 되지만 거절을 하면 그 다음에는 어떤 상황이 벌어질지 불확실하다. 협상을 하면서 협상이 부결되면 어떤 결과를 초래할지 확실한 경우도 있지만 전혀 그렇지 않은 경우도 있다. 물론 마감시한까지 협상이 타결되지 못했을 경우, 어떤 여파가 상대방에게 생길지 알면 보다 유리하게 협상할 수 있다.

마감시한을 효과적으로 사용하는 예는 TV광고이다. Infomercial의 경우, 방송 후 15분 내에 전화주문을 하면 20%를 더 할인해 준다고 하면서 충동구매를 자극한다. 하지만 나중에 인터넷으로 그 제품을 검색하면 평상시에 '할인된' 가격으로 팔고 있는 경우를 종종 볼 수 있다.

* To run against the clock

예) How about if we order sandwiches instead of going out for lunch? We're running against the clock now and we need to save time.
나가서 점심 먹지 말고 샌드위치를 주문하는 것이 어떨까요? 시간이 얼마 남지 않았기 때문에 시간 절약해야 해요.

* Eleventh hour

To come at the eleventh hour

urgency, last chance before something happens, last hour before deadline

예) The concession by China came at the eleventh hour and we were able to sign the agreement.
중국의 양보가 마지막 순간에 있었기 때문에 합의서에 서명할 수 있었다.

* To race against time

something must be finished by a deadline, due date, or certain time

예) It's a race against time now. Either each side makes concessions or we'll have nothing by the deadline.
이제는 시간과의 싸움이다. 양측이 양보를 하지 않으면 마감시간까지 결론을 내리지 못할 것이다.

* in the nick of time

예) The package arrived just in the nick of time.
소포가 시간에 딱 맞춰서 도착했다.

* No time like the present

예) You've always talked about getting a degree. Well, there's no time like the present.
학위에 대해 늘 말을 했는데 지금 보다 더 좋은 때가 없다.

* No time to lose

예) We have no time to lose if we're going to catch tonight's plane.
오늘 저녁 비행기 타려면 지체할 시간이 없다.

* Zero hour

예) It's zero hour. We have to make a decision now. Do we accept the deal or not?
결정의 순간이에요. 이제 결정해야 해요. 합의를 할겁니까 안 할겁니까?

4) Deliberate errors (고의적인 실수)

고의적인 실수의 예로는 간단한 수치나 연산을 틀리게 하거나 중요한 문구를 자료에서 빼거나 하는 것으로, 상대방을 속이기 위해 사용하는 전략의 하나이다. 비도덕적인 상대에게는 위험부담이 적은 반면 성공하면 대가가 상당하기 때문에 시도하는 것이다. 만약에 발각되면 핑계를 대면서 협상을 재개하려고 한다. 고의적인 실수의 종류를 보면 처음 제시하는 제안서에는 조건이 매력적이지만 관심을 보이면 제안서에 실수가 있었고 조건이 다르다고 하는 경우가 있고 또는 청구서의 가격과 최종 합의된 가격이 다른 경우도 있다. 종류가 다양하지만 이러한 고의적인 실수에 대한 대비책은 모든 서류와 자료를 꼼꼼히 검토하고 점검하는 것이다.

ZOPA - Zone of Possible Agreement

전문적인 용어로 협상을 하는 양측이 허용할 수 있는 허용 범위라고 할 수 있다. ZOPA는 또 "Contracting Zone"이라고도 한다.

5) Emotions (감정)

우리는 일상에서 극한 감정을 잘 드러내려 하지 않는다. 몸이 많이 아파도 괜찮다고 하고 슬픈 일이 있어도 아무 일 없다고 한다. 그렇기 때문에 협상을 하다가 상대방이 갑자기 극한 감정을 표출하게 되면 어떻게 반응해야 할지 막막하다. 혹시 뭔가 단단히 잘못되었기 때문에 상대방이 이런 행동을 보이는 것이 아닌가, 내가 뭔가 실수를 했나 의심하게 된다. 그러는 동안 감정을 표출한 사람이 주도권을 잡을 수도 있다. 특히 상대방이 여성인 경우에 남자들이 어떻게 행동해야 할지 당황하는 경우가 있다.

이러한 상황에서도 우선은 침착해야 한다. 그렇지 못하면 협상이 감정싸움으로 전락하게 될 수 있다. 스트레스 상황에서 침착하게 문제의 핵심에 초점을 두고 감정은 자제하는 것이 바람직하다. 잠깐 휴식을 해서 분위기를 진정시키는 것도 방법이 될 수 있고, 상대방이 말하고자 하는 것이 무엇인지 이해를 했다고 보여주기 위해 상대방의 요점을 정리해보는 것도 도움이 된다.

Lose－lose negotiation

Win-win협상 또는 상황에 대해 많이 들었지만 lose-lose는 많이 듣지 못했다. Win-win의 반대로 양측이 보다 창의적인 대안을 고려할 수 있는데도 불구하고 양측이 이를 인정하지 못한 채 협상이 끝나는 아쉬운 경우이다.

Lose－win negotiation

돌려서 win-lose negotiation이라고 하는데 그다지 바람직하지 못한 상황이다. 양측이 협상을 하면서 최대의 가치를 얻으려고 하지만 한 측만이 재미를 보는 것이다. "Fixed-pie scenario" 즉, 정해진 파이이기 때문에 융통성이 전혀 없는 상황이다.

---

6) Escalating authority tactics (점차적인 승인)

어떻게 보면 우리나라에서 잘 쓰는 전략이라고 할 수 있다. 외국사람들이 우스개 소리로 한국에서 협상을 할 때, 사람은 많지만 막상 'OK'할 사람은 없다고들 하는데, 아주 틀린 말은 아닌 것 같다.

협상을 열심히 해서 결론을 내리려 하는데, 상대방이 "내가 최종 결정권자가 아니니 상사한테 물어봐야 한다."라고 하면 맥이 빠지게 된다. 하지만 어쩔 수 없이 상사와 만나서 또 다시 설명하고 협상해서 합의를 하게 되는데, 이때도 또 마찬가지로 상사한테 물어봐야 한다고 하면 계속해서 최종 승인을 받을 때까지 단계별로 협상을 진행해야 한다.

---

* It's out of my hands.

예) I tried to explain the situation here, but now it's out of my hands.
(여기의 상황을 설명하려고 했지만 이제는 내가 어떻게 할 수 없는 상황이다.)

* To boss somebody around

예) He's so used to bossing people around that he doesn't understand teamwork.
(다른 사람들한테 명령하는데 너무나 익숙하기 때문에 팀워크가 뭔지 잘 이해를 못한다.)

* To show somebody who's boss

예) When you are promoted, you have to show your employees who's boss or they'll walk all over you.
(승진한 다음에 부하직원한테 누가 상사인지 잘 보여주지 않으면 말을 잘 안 들을 것이다.)

---

7) Face saving (체면)

체면에 대해 얘기 할 때 흔히 동양문화권의 문제이고 서양 특히 미국의 경우에는 그다지 문젯거리가 아니라고 알고 있는데, 이것은 오산이다. 단지 동양과 서양이 이를 다르게 표현할 뿐이다. 체면은 본인의 가치를 측정할 수 있는 잣대이기 때문에, 상대방이 이러한 가치를 확인해 주기를 바라고 만약 이에 대해 위협을 받게 되면 적대심마저 생기게 된다.

협상 그 자체가 상대방과 대립하는 상황이기 때문에 체면 문제는 더 까다로워지는데, 이를 최대한 피할 수 있는 방법은 화제의 대상을 상대방으로 하지 않고 발표 또는 제안으로 택하는 것이다. 즉 'You'라고 하기보다 'the presentation' 또는 'the proposal'이라고 하는 것이다.

상대방을 직접 공격해서 성과를 얻을 수도 있지만 상대방의 체면을 살리면서도 얼마든지 성과를 올릴 수 있으니 가능한 한 상대방을 존중하는 것이 바람직하다.

*** 상대방의 체면을 유지하면서 본인의 의견을 제시할 때 쓸 수 있는 표현**

- I can understand why you reached your conclusion, but have you considered other options?
  (왜 그러한 결론을 내렸는지 이해는 하지만 혹시 다른 옵션을 고려하셨나요?)
- There is some information you may not have had available.
  (어쩌면 접하지 못한 또 다른 정보가 있습니다.)
- Let's look at it this way.
  (이렇게 봅시다.)
- The difference between our points of view is not large, but I believe that you have not factored in our subcontractors.
  (의견 차이가 그다지 큰 것 같지 않습니다. 하지만 우리 하청업체에 대해 고려하지 않았던 것 같습니다.)

- I think that your production person may have led you in the wrong direction. Our order would not burden your production lines.
(아마 생산팀에서 다른 방향으로 오도한 것 같습니다. 우리의 주문 때문에 생산 라인에 무리가 생기지 않을 것입니다.)
- Perhaps there are other reasons I'm not aware of, but I believe that we could actually benefit from the opposite seasons of our two countries.
(제가 알지 못하는 다른 이유가 있을지 모르지만 제가 보기에는 양국의 계절이 반대이기 때문에 오히려 득이 될 것 같습니다.)
- It's certainly open to several interpretations, but I believe that we should stick with the original agreement since it has worked in so many countries.
(다양한 해석이 가능하지만 세계의 많은 국가에서 성공했기 때문에 기존의 합의서를 고수하는 것이 바람직하다고 생각합니다.)

8) Fatigue (피로)

일상생활에서도 잠을 제대로 자지 못했거나 일이 쌓여 스트레스를 많이 받게 되면 짜증내고 신경질적이 된다. 마라톤협상을 하게 되면 특히나 수면 부족과 피로로 인해 실수를 하게 되어 상대방에게 유리한 고지를 내주는 경우가 많다.

장거리 여행을 해서 협상 테이블에 참석하는 경우, 빠듯한 일정과 결과에 대한 기대감에 눌려 식사도 대충하면서, 협상을 계속 진행하여 성과에 집착하게 되는 경우가 있는데, 이러한 상황에서는 실수하기가 십상이다. 이럴 때는 팀을 이끌고 있는 책임자가 올바른 판단을 해야 한다. 여행 일정을 조정하거나 시차 적응을 적당히 한 다음에 회의에 임하도록 회의 일정을 조금 여유 있게 잡는 것이다. 물론 피로를 최소화하고 최선의 컨디션을 유지하는 것은 협상가가 갖추어야 할 기본적인 덕목이다.

*** 시차 적응하는 방법**

\- 떠나기 전의 준비

1. 떠나기 전에 충분히 쉬도록 한다. 떠나기 전에 피곤하면 시차 적응하기가 더 힘이 든다.
2. 연구에 의하면 여행한 시간대의 하루가 지나면 시차를 극복 할 수 있다고 한다. 예를 들어, 세 시간대를 여행 했으면 3일이 지나면 완전히 시차를 극복한다. 그렇기 때문에 떠나기 전에 잠 자는 시간대를 조정하면 된다.
   - 서쪽으로 여행할 경우에는 한 시간 늦게 자고 한 시간 늦게 일어난다.
   - 동쪽으로 여행할 경우에는 한 시간 일찍 자고 한 시간 일찍 일어난다. 단, 여러 시간대를 여행해야 하면 떠나기 전에 완전히 적응하기가 어려울 수 있다.
3. 연구에 따르면 떠나기 전에 빛의 노출 시간을 조절하면 도움이 된다고 한다.
   - 서쪽으로 여행할 경우에는 늦은 오후와 저녁에 햇볕을 쬐고 아침에는 가능한 한 노출을 자제하는 것이 좋다.
   - 동쪽으로 여행할 때는 아침에 빛에 노출하고 저녁 때는 빛에 노출을 자제한다.
4. 운동을 계속 한다.
5. 일부 연구에 의하면 식사를 조절하는 것이 도움이 된다고 한다. 다시 말해 도착지의 아침식사 시간이 언제인지 계산을 하고 떠나기 나흘 전에 식사를 많이 한다. 즉, 아침과 점심 때는 고단백질 식사를 하고 저녁식사는 고탄수화물 식사를 한다. 카페인을 오후 3시와 5시 사이에만 섭취한다.

   그 다음에는 떠나기 삼일 전에 가볍고 간단한 식사를 한다. 총 량이 800 칼로리 이상이 되면 안 되고 탄수화물 섭취가 적어야 한다. 하루 종일 약간 배가 고프다는 느낌이 들어야 한다. 카페인을 오후 3시부터 5시 사이에만 섭취한다.

떠나기 이틀 전에는 식사를 많이 한다. 아침 점심 때는 고단백질 식사를 하고 저녁 때는 고탄수화물 식사를 한다. 카페인을 오후 3시부터 5시에만 섭취한다.

떠나기 전 날에는 가볍고 간단한 식사를 한다. 총 량이 800 칼로리 이상이 되면 안 되고 탄수화물 섭취가 적어야 한다. 서쪽으로 여행을 하면 카페인 음료수를 아침에만 섭취를 하고 동쪽으로 여행을 하면 오후 6시와 11시 사이에만 섭취한다.

떠나는 당일에는 여행시간이 충분히 길면 도착지에 아침식사 시간까지 잠을 잔다. 식사를 많이 한다. 특히 아침식사는 고단백질 식단으로 충분히 먹도록 한다. 도착하자마자 활동을 많이 하고 빛에 노출을 많이 한다.

- 비행 중

1. 비행기를 타자마자 시계를 도착지 시간에 맞춘다.
2. 비행 중에는 물을 충분히 섭취한다. 기내는 상당히 건조하기 때문에 탈수가 되기 쉬운데 탈수증이 시차의 증세 중의 하나이다. 물을 많이 마실수록 탈수증을 예방할 수 있다. 카페인과 술은 이뇨제이기 때문에 피하는 것이 좋다.
3. 비행 중 잠을 자더라도 도착지의 시간에 맞춰서 잔다.
4. 도착지의 시간에 맞춰서 깨어 있어야 할 시간에는 기내 운동을 한다. 요즘은 앉은 자세에서도 할 수 있는 다양한 기내 운동 비디오도 상영한다.

9) Fine food (식사 접대)

우리나라 사람들이 외국에서 개최되는 세미나 또는 회의에 참석하게 되면 식사에 대해 실망하는 경우가 많다. 입맛에 맞지 않을뿐더러 양도 충분치 않고 한국에서처럼 손님접대를 거하게 하지 않는 경우가 많다. 반면 외국사람들이 우리나라에 오면, 식사접대에 대해 놀란다. 우리 풍습에 손님이 오면 상다리가 휘어지게 준비해야 잘 대접했다고 생각한다. 하지만 그냥 '보통'으로 대접한다고 해도 다양한 밑반찬 때문에 많은 것을 준비했다는 느낌을 받게 된다.

까다로운 문제가 있을 때 일단 배를 채운 다음에 해결하면 쉽사리 해결이 되는 경우가 있으니, 식사 접대도 훌륭한 전략이 된다. 접대 받아서 기분 나쁜 사람은 없기 때문이다.

> * Wine and dine
>
> 유럽의 경우, 저녁 때는 물론이고 점심 때도 포도주가 필수이다. 식사에서 포도주가 빠지면 상당히 허전하게 느낀다. 일반적으로 저녁 식사를 하다는 to have dinner라고 하지만 조금 더 우아하게 말할 때는 to dine이라는 단어를 쓴다. wine하고 dine의 운이 맞기 때문에 같이 쓴다. To wine and dine은 누구를 설득하기 위해 거하게 접대한다는 뜻이다.

10) Good cop/bad cop(좋은 경찰/나쁜 경찰 역할)

경찰영화에서 흔히 볼 수 있는 전략이고 다들 알면서도 쉽게 속아넘어가는 전략이다. 용의자를 심문하기 위해 경찰 한 명이 들어와서 소리 지르고 무섭게 군다. 물론 용의자는 답변을 하지 않은 채 울고불고 흥분한다. 그 다음엔 다른 경찰이 들어와서 먼저 경찰에 대해 안 좋게 얘기하고 용의자의 입장을 이해하는 친구인 척한다. 소리도 지르지 않고 공격적이지도 않고 요구사항도 그다지 끔찍하지 않다. 용의자는 순순히 착한 경찰의 질문에 답변을 하게 된다.

협상에서도 나쁜 경찰/착한 경찰 역할이 있을 수 있다. 한 사람은 강경한 입장을 고수하면서 요구 사항도 많고 공격적인 태도를 보이는 반면 옆의 다른 사람은 처음 논의 과정에는 별말이 없다가 나쁜 경찰 역할의 말이 끝나면 발언을 시작한다. 착한 경찰의 제안은 상대적으로 상당히 합리적이고 받아들이기 용이하기 때문에 협상의 성사를 위해 받아들이게 된다. 협상을 할 때 모든 사람들이 결과가 있기를 기대하기 때문에 조금이라도 받아들이기 쉽게 포장하면 수용하게 된다.

> **Reservation price**
>
> 협상을 시작하기 전에 속으로는 "적어도 이 정도는 받아야 한다." 생각을 하게 된다. 그것이 reservation price이고 또는 walk away point이라고 한다. 즉, 그 가격보다 떨어지면 박차고 나간다는 뜻이다.

11) Listening (적극적인 경청)

부부싸움을 할 때나 부모와 자녀 간의 대화에 있어서 서로가 서로의 말을 조금 더 적극적으로 경청해주면 많은 부분이 해결될 수 있다고 한다. 일반적으로 대화할 때 경청한다고 하면서 다른 생각을 하는 경우가 더 많다. 협상할 때도 마찬가지다. 상대방이 말을 하는 동안, 어떻게 답변을 할 건지 또는 제안에 대한 상사의 반응을 고민하는 등 100% 경청하지 않는 것이 일반적이다. 하지만 협상과정에서 적극적으로 경청을 하면 놓칠 뻔한 이슈도 발견할 수 있고, 상대방이 열심히 들어주고 있다는 것을 느끼도록 하여 긍정적인 효과를 얻을 수도 있다. 경청한 다음 제대로 이해 했는지 확인하기 위해 상대방이 말한 다음에 간단하게 요점 정리하거나 질문으로 이를 확인하는 것도 효과적인 전략이다.

* 경청했다는 것을 보여주기 위해 쓸 수 있는 질문들

Do you mean to say that you'll be able to meet our demands next quarter?
(그렇다면 다음 분기에는 우리의 요구 사항을 모두 맞출 수 있다는 말씀이십니까?)

If I understood you correctly, you would like us to make some adjustments to our design?
(제가 제대로 이해 했는지 모르지만 우리의 디자인을 조금 수정하기를 원하시는 겁니까?)

So, you're willing to accept our proposal if we stop doing business with your competitor?
(그렇다면 우리가 경쟁업체와 더 이상 사업을 하지 않으면 우리의 제안을 받아들이겠다는 말씀이십니까?)

I don't quite get the point, could you clarify?
(잘 이해를 못한 것 같습니다. 다시 설명해 주시겠어요?

12) Mediator (중개역할)

동양문화권에서는 예로부터 중매인 또는 중개역할을 하는 사람이 존재했다. 결혼 할 때 또는 사업을 하면서 직접 상대방과 접촉하기보다 다른 사람을 통해서 하는 것이 그다지 어색하지 않았고 오히려 그런 방법을 선호했다. 중매인이 있을 경우 서로의 체면을 유지할 수 있기 때문이다. 사업을 하거나 외교에서 중개역할은 유용하게 활용 될 수 있다. 중개자가 있을 경우 다음과 같은 긍정적인 효과가 있다.

- 현실적인 기대치를 제시한다.
- 양측의 입장을 객관적으로 들을 수 있다.
- 양측에 생산적인 해결책을 제시할 수 있다.
- 양측에 유리한 중재안을 제시할 수 있다.

중재자는 외부인으로서 충분한 지식과 경험을 갖추고, 존경을 받을 수 있는 사람이어야 한다. 일반적으로 법조인, 교수 또는 컨설턴트들이 중개 역할을 하게 된다.

BATNA

Best Alternative to a Negotiated Agreement는 전문적인 용어로 협상에서 많이 사용하는 약어이다.

1981년에 Roger Fisher와 William Ury가 "Getting to Yes: Negotiating without giving in"이라는 베스트셀러를 출판하면서 이 약어를 처음 사용 했다.

어떤 결정을 내리기 전에 즉, 제안을 받아드릴 건지를 결정하기 전에 어떤 대안이 있는지를 파악해야만이 최상의 결정을 할 수 있다. 쉽게 말해서, 상대방이 (제안한 것이 나의 BATNA보다 나은 것이면 당연히 수락을 하는 것이 바람직하다. 그렇지 못하면 협상을 재시도해야 한다.)

13) Off the record discussions (비공식적인 대화)

언론의 주목을 받는 협상의 경우에는 체면 때문에 '솔직하게' 속을 드러내지 못하는 경우가 많다. 모든 발언이 세간에 드러나기 때문이다. 하지만 양자 간 비공식적인 대화를 하게 되면 좀 더 인간적인 소통을 할 수 있다. 예를 들어 식사나 음료를 나누면서 개인적인 입장에 대한 배경이나 상사 때문에 본인 마음대로 하지 못한다든지, 가족문제 때문에 복잡한 심경 등을 하소연할 수도 있다. 공식적인 대화와 병행할 수 있지만 중요한 것은 이러한 비공식적인 대화를 통해서 서로 의사소통이 잘 되면 협상이 좀더 용이해질 수 있다는 것이다.

14) Patience (인내심)

서양 사람들은 동양 사람이 인내심이 많다고 생각하지만, 우리 한국 사람들은 사실 '빨리, 빨리'가 입에 밴 성미 급한 인성을 가지고 있다고 알려져 있다. 인내심은 협상에서 우리가 꼭 배워야 할 덕목이라 할 수 있다. "Get down to business"(본론에 들어가다)라는 표현에서 알 수 있듯이 미국 사람들도 우리와 비슷한 성향을 가지고 있다. 우선 할 일을 하는 것이 중요하다고 생각한다. 국제협상에 있어서 특히 효과적인 전략으로 쓰여지는 인내심의 전략은 다음과 같은 결과를 초래할 수 있다.

- 기대치를 낮춘다.
- 상대방의 양보를 더 많이 얻어낸다.
- 새로운 문제와 이슈를 끌어낸다.
- 다른 당사자들이 참여하게 된다.
- 정권교체 등 새로운 지도층이 생긴다.
- 제3자 또는 제3국이 중개역할을 하게 된다.
- 새로운 정보를 제공하게 된다.

15) Questions (질문하기)

잘 아는 사실이지만 우리나라 사람들은 질문하기를 꺼려한다. 한국 학생들이 처음 외국에 유학을 가면 얌전하게 수업을 듣기만 해도 된다고 생각한다. 하지만 외국 선생들은 질문 없는 무반응에 대해 긍정적으로 생각하지 않는다. 질문하기를 꺼려하는 이유 중에는 언어 미숙도 있지만 본인의 무지가 드러날까봐 주저하는 것도 한 이유이다. 협상에서도 마찬가지이다. 질문을 하면 본인의 무지와 집중하고 있지 않았음을 알리게 될 수 있다. 한편으로는 상대방에 대해 너무 캐는 것 같아 질문을 하려다가 못하는 경우도 있다.

*** 질문을 잘 하는 노하우**

- 질문을 미리 준비한다. 팀원들과 시나리오를 짜고 알고 있는 사실과 모르는 사실을 구별해서 질문해야 할 부분을 미리 정한다.
- 공식적인 협상 이후로 미루지 말고 공식 협상 시작 전부터 질문을 한다.
- 때에 따라 수준 낮은 질문을 해도 괜찮다. 바보스럽게 질문을 하게 되면 상대방이 오히려 더 상세하게 답변을 할 수 있다.
- 상대방이 답변하기 불편할지도 모르는 질문도 한다. 상대방이 답변을 피하는 것도 하나의 답변이기 때문에 많은 것을 추론할 수 있다.
- 질문한 다음에는 답변을 열심히 경청한다. 만약에 답변이 부족하면 또 추가 질문(follow-up question)도 할 수 있다.
- 어떤 답변이 나올지를 이미 알고 있는 질문도 한다. 이는 상대방의 신뢰도를 가늠할 수 있게 해준다.
- 당사자 외에 다른 주변사람들한테도 질문한다.

GLOBAL NEGOTIATIONS

제2부 협상의 상대

1. 상대방을 알아라
2. 국가별 성향

2부 협상의 상대

1 상대방을 알아라

세계화, 세계화라고 하는데 세계화가 나에게 어떤 영향을 미칠까 하는 생각을 한 번 쯤 해볼만하다. 일반적으로 우리는 외국 사람이라고 하면 아직도 미국인이라고 생각한다. 하지만 그 많은 외국 사람들 중 과연 우리는 미국인에 대해서라도 잘 알고 있는 걸까? 수출입 상대로 미국인을 가장 많이 상대하고 있는데, 우리가 과연 그들을 제대로 이해하고 있는가? 또한 그들을 제대로 이해하여 FTA와 같은 협상을 유리하게 할 수 있을까? 미국인뿐만 아니라 그 외의 유럽이나 아시아권 사람들은 제대로 파악하고 상대하고 있는 것일까?

우리나라에서는 흔히들 '빽'이 있어야만 사업에 성공할 수 있다고 얘기한다. 세계의 많은 나라에서도 상대방을 알아야만 비즈니스를 하겠다고 하는 경우가 생각보다 많다. 아프리카나 남미 같은 경우에는 "친구하고만 비즈니스를 한다"고 할 정도이다. 서로 만난 적이 없는 경우에는 어느 정도의 상호 신뢰감이 생기고 나서야 사업을 진행하게 된다. 갈 길이 먼데 여담 등으로 시간을 보내는 것이 시간 낭비처럼 느껴질 수 있지만 이러한 바탕이 있어야만 진전이 있을 수 있다. 북미인이나 독일인은 대부분의 경우에는 이러한 과정을 거의 생략하다시피 한다. 영어 표현으로 이를 "Let's get down to business."라고 한다. 여담을 생략하고 할 일을 빨리 하자는 뜻이다. 일본의 경우에는 처음 만나 이루어지는 첫 회의는 서로를 알기 위한 회의가 되기 십상이다. 대화 주제는 시사문제, 골프, 날씨 등 사업문제를 제외한 다른 내용인 경우가 대부분이다. 남미의 경우에는 여담은 항상 상대방의 가족에 대한 질문이 포함되어야 한다. 반면 중동에서는 이러한 가족에 대한 질문 중 특히 여자 구성원에 대한 질문을 해서는 안 된다. 중동에서는 회의를 하면서 끊임 없이 아주 작은 커피잔으로 진한 블랙커피를 마시게 된다. 대화 주제로는 스포츠, 역사, 경제, 문화, 관광 등을 바람직하게 여기고, 정치나 종교 얘기는 피하는 것이 좋다. 심지어 어떤 나라에서는 이런 과정이 한 번으로 끝나는 것이 아니고 여러 차례의 회의가 있은 다음에야 본격적인 사업상의 대화를 시작하는 경우도 있다.

절차를 잘 모르거나 리드할 자신이 없을 때는 상대방의 리드를 따르는 것도 좋은 방법이다. 그리고 이러한 과정은 직접 면대면으로 만나서 해야만 한다. 전화로 협상을 하는 경우는 북미와 서유럽 외에는 그다지 성공할 수 있는 경우가 많지 않다.

일반적으로 유럽, 남미 그리고 중동에서는 서로 간단한 악수를 한다. 미국 사람들은 남자가 악수를 할 때 조금 힘을 주는 것이 바람직하다고 생각한다. 이에 비해 유럽, 남미와 중동에서는 살짝 힘을 준다. 하지만 스페인과 남미 사람들은 인사를 할 때 조금 더 풍부하게 표현한다. 서로 껴안기도 하고, 등을 두드리거나 어깨동무까지 하게 된다. 남자이든 여자이든 지인들 사이에는 얼굴을 맞대며 볼인사를 하기도 한다. 뺨에 뽀뽀하는 척하기도 한다.

악수의 이모저모

악수의 기원은 확실하지 않지만 손에 무기가 없다는 것을 상대방한테 알려주기 위해 시작되었다는 설이 있다. 악수는 보통 몇 초밖에 걸리지 않지만 그 몇 초에 상대방한테 많은 느낌을 주게 된다. 몸의 피어싱보다 오히려 맥없는 악수를 보다 오래 기억하고 악수를 안 하면 악수를 한 것보다 상대방을 더 잊기 쉽다고 한다. 대부분의 경우에는 오른 손으로 하지만 보이스카우트와 걸스카우트는 전통적으로 왼손으로 악수한다. 젊은 사람 사이에는 악수 대신 하이파이브 또는 주먹을 맞대는 악수를 하는 경우가 있다.

악수의 종류로는 다음과 같다:

- Bone crusher 또는 macho cowboy
  뼈가 부러지도록 아픈 악수이다
- Dead fish 또는 limp fish
  bone crusher와는 정반대로 맥이 없는 악수이다.
- Four finger 또는 finger tip holder
  손 전체를 잡지 않고 손가락 네 개로만 하는 악수다.
- "I've got you covered"
  왼손으로 덮어서 하는 것이다. 친근감을 나타내기 위해 사용하고 특히 정치가들이 선호하는 악수이다.
- "I won't let go"
  손을 놔주지 않는 악수이다. 2~3번 흔들고 난 다음에는 상대방의 손을 놔줘야 한다.

2 국가별 성향

같은 문화권 내에서 협상하는 것도 어렵지만 문화가 다르거나 국제협상의 경우에는 다른 변수가 작용한다. 예를 들어, 협상 팀의 구성에 있어서 아랍문화권과 협상을 하는데 여성 멤버가 있으면 아랍 상대가 상당히 불편해 할 것이다. 반면 인도에서는 환영을 받을 것이다. 또는 미국인과 일본인이 협상을 할 경우에는 미국인은 모든 것을 명시화하려 하고, 일본인은 이를 상당히 불편하고 어색하게 받아들일 것이다.

협상의 상대를 꼭 적으로 생각할 필요는 없지만 그래도 '지피지기면 백전백승'이라는 말처럼 상대방을 알아야 유리한 입장에 설 수 있다. 즉, 'win the upper hand'를 할 수 있다. 우리가 오늘날 교류하고 있는 수많은 국가별 특징이나 성향을 모두 다룰 수는 없지만, 비교적 빈번한 협상의 상대방인 다음 국가들의 보편적이고, 일반적인 성향을 파악한다면 이를 협상에서 십분 이용할 수 있다. 물론 국가별 성향이나 특징이 일반론의 수준일 수 있고, 또한 협상가 개인의 성향에 따라 많이 다를 수 있다는 점은 주지해야 한다.

1) 북미

(1) 미국

"If I can make it there, I'm gonna make it anywhere."(거기서 성공하면 어디서든 성공할 수 있다.)라는 노랫말도 있듯이 비즈니스이건 협상이건 그 상대로서 미국을 무시할 수 없고 그 파급효과도 크다. 그렇다면 우리가 미국 문화에 대해 제일 쉽게 접하고 잘 안다고 생각하지만 미국 협상가의 특성에 대해 알고 있는가?

① 미국 협상가의 성향

- 성급한(impatient): 외국 사람이 한국에 올 때 제일 먼저 배우는 표현이 "빨리, 빨리"라고 할 정도로 한국 사람들의 성격이 급하다고 하지만 미국인들도 한국인 못지 않게 성급하다. 하지만 그 성급함은 상황에 따라 그리고 대화하는 방법에 있어서 다르다. 우리 한국 사람들은 모든 참석자들이 아는 내용을 다시 되짚어보려는 경향이 있지만 미국인들은 이미 다 아는 내용을 되풀이 하는 것이라 생각하고 해결과제로 곧바로 들어가기를 원한다. 그래서 협상에서 한국 사람이 모드발언으로 "이번 협상은 벌써 4번째이고, 1차 협상은 제주도, 2차 협상은 하와이, 3차 협상은 부산, 이제 4차 협상은 여기 시애틀"이라고 말하기 시작하면 미국인은 시간 끌기 작전이라고 생각하기 마련이고 이 회담은 첫 단추부터 잘못 낀 격이 된다.
  미국인들이 성급하다는 것은 잘 알려져 있기 때문에 오히려 상대방은 이러한 성미를 유리하게 잘 이용할 수도 있다.
- 거만한(arrogant): 일반적으로 사람들은 미국인들이 거만하다고 생각한다. 반세기 넘게 강대국으로 행세했기 때문에 몸에 밴 것이라고 볼 수 있다. 하지만 미국인들은 이러한 태도를 의식하지 못한다. 만약에 거만하다고 지적을 하면 대부분의 미국인들은 이를 인정하기보다는 부인할 것이다.
- 잘 경청하지 못하는(not good listeners): 아마 성급하고 거만하기 때문에 남의 말을 잘 경청하지 못할 것이다. 남의 말을 경청하려면 인내심이 있어야 하는데, 미국인들은 그렇지 못하기 때문에 다른 사람들의 의견에 관심 없는 것으로, 거만하게 보인다.

- 고립된(insular): 대부분의 경우에 미국인들은 다른 문화에 대한 경험이나 접촉, 노출이 지극히 미약하다. 잘 모르기 때문에 실수, 오해 등이 생길 수 있다. 경험이 부족하기 때문에 미국인들은 불안하게 느낀다. 상대방은 이런 경우 숫기 없다고 생각하기보다는 미국인들을 무관심하다고 생각하기 마련이다.
- 법률을 존중하는(legalistic): 미국의 협상가들 대부분은 변호사이다. 똑똑하고, 일 열심히 하고, 적대적이고, 주어진 일에 몰두하고 그리고 법률을 지나치게 존중한다. 즉, 디테일에 대해 굉장히 신경을 쓴다는 얘기다. 미국인들은 큰 그림, 일반적인 원칙보다 깨알만한 글씨에 더 관심을 갖는다. 그뿐만 아니라 협상이 타결되면 그것이 완결된 것이라고 여긴다. 재협상의 여지가 없다.
- 순진한(naïve): 얼핏 보기에는 고립된 태도 때문에 미국인들이 다소 순진해 보이기도 하고 조금이라도 노련한 협상가한테는 쉬운 상대로 보일 수 있다. 그 뿐만 아니라 대부분의 경우, 실제로 나이도 어리고 또는 여자인 경우도 생각보다 많다. 그럴 경우에 얕잡아 봤다가는 나중에 큰 코 다칠 수 있다.
- 친근한(friendly): 미국인들은 대체로 격의 없고, 외향적이고 유머 감각을 지니고 있다고 볼 수 있다. 필요할 때 상황에 따라 조크 한 마디로 긴장도 풀고 분위기를 더 부드럽게 하기도 한다.
- 공평한(fair): 미국인들은 대체로 공평하다. 페어 플레이(fair play)를 중시하고, 스스로도 정직하려고 노력한다. 국제사회에서도 그런 점을 인정받고 있고, 바로 그러한 이유로 존경 받는다.
- 융통성 있는(flexible): 미국인의 경우에는 협상 담당자가 상당한 권한을 갖고 있어서 사안에 따라 결정을 내릴 수 있다. 바로 그 자리에서 그 누구하고도 상의 없이 결정을 내릴 수 있는데, 심지어 상당히 어려 보이는 협상가의 경우도 마찬가지이다. 이러한 이유 때문에 미국의 협상 대표단

에는 그다지 사람이 많지 않다. 또한 본인들은 금방 결정했는데 상대방이 그렇지 않을 때, 혹시 지연작전은 아닌가 생각하며 위에서 말한 것처럼 상당히 성급해진다.

- 위험 부담을 감수하는(risk takers): 다른 협상가에 비해 상당한 위험 부담을 감수한다. 새롭고 혁신적인 아이디어를 제시하거나, 합의에 도달하기 위해 구체적인 언어로 절충방법을 제시할 수 있다. 이러한 경우에 역시 본부와 협의 없이 단독으로 하는 경우가 대부분이다. 합의 도출을 위해 그 정도의 위험 부담은 감수해야 한다고 생각하기 때문이라고 할 수 있다.
- 실용적인(pragmatic): 미국인의 견해는 일반적으로 현실적이고 실용적이다. 수사학적이고 긴 연설에 그다지 관심이 없고 이데올로기를 위해 고집 피우는 경우도 없다. 의제에 있는 구체적인 사안들을 논의하고 가능한 빨리 의제에 대한 합의를 도출하려고 한다.
- 잘 준비된(well-prepared): 회의에 참석할 때 미국인들은 준비를 철저하게 한다. 회의 전에 position paper(의견서), 배경지식 등등 철저하게 준비한다. 협상 중에 나올 수 있는 여러 경우의 수를 검토하고 그에 대한 적절한 대응도 고민한다.
- 협조적인(cooperative): 일반적으로 미국인들은 다른 대표단, 사무국, 언론, 비정부 단체 그리고 기업과 협조의 중요성을 인식하고 있다.
- 유머감각(sense of humor): 일반적으로 미국인들은 공식적인 연설을 할 때도 재미 있는 얘기나 여담 등으로 시작하려고 한다. 그만큼 청중의 관심을 끌기 위해서는 중요한 도구라고 생각한다. “He’s a funny guy.”(재미 있는 친구다.)라고 하면 상당한 칭찬이다. 하지만 인종이나 종교적인 유머는 피해야 한다.
- 경쟁적인(competitive): 일에서도 그렇고 놀면서도 이기는 것을 상당히 중요하게 여긴다. 협상도 팀 전체의 성공보다는 개인의 성과로 생각한다.

② 연락하기

이민 사회이고 이동이 많은 사회라서 모르는 사람하고 사업을 하는 것이 어느 정도 익숙하다. 그렇기 때문에 소개 없이 또는 중개자 없이 직접 연락해서 자신을 소개하고 논의를 시작할 수 있다. 물론 잘 알려진 회사이면 비즈니스를 시작하기가 더 쉬울 것이다. 처음 연락하는 것이면 영어로 편지, 팩스 또는 이메일을 보내서 회사와 제품의 기본적인 내용을 알리고, 약속을 위해 다시 연락할 거라고 한다. 약속은 약 2~3주 전에 미리 하는 것이 바람직하다.

③ 의전

"Get down to brass tacks"(당면 문제를 다루다 – 5부 보기) 또는 같은 뜻으로 "get down to business"라는 표현을 즐겨 쓴다. 상대방과 친해져야 한다는 것이 중요하다는 것을 모르는 것은 아니다. 하지만 미국인들은 관계를 먼저 형성한 다음에 시작하기보다 논의하면서 관계가 형성된다고 생각하고 할 일을 빨리 하기를 원한다.

④ 시간

단일시간 문화이기 때문에 시간을 실체적인 자산으로 여긴다. 그래서 시간을 아끼고, 쓰고, 잃어버리고, 찾고, 투자하고 낭비할 수 있는 것으로 생각한다. 미국의 북부 사람들이 남부 사람들보다 시간 엄수를 중요하게 생각하지만 스위스나 독일 사람들처럼 철저하지는 않다.

⑤ 의사소통

이민사회이기 때문에 인종과 지역의 차이에 따라 다소 다를 수 있지만 대체로 미국 협상가는 아시아 또는 북부 유럽인보다 표현을 풍부하게 하고 외향적이다. 하지만 남미인이나 지중해 유럽인보다는 내성적으로 여겨진다.

말투는 상당히 직설적이기 때문에 돌려서 모호하게 말을 하는 사람을 의심스럽게 본다. 말을 할 때 목소리가 대체로 큰 편이다. 침묵에 대해 상당히 어색하게 느끼기 때문에 대화를 하다가 조용해지면 곧바로 뭔가 말을 해야 한다고 생각한다. 다른 사람의 말을 끝까지 경청해야 한다는 것을 알면서도 때에 따라 끼어들지만 이것을 고의로 하는 것은 아니다.

처음 만나 악수할 때는 손을 꽉 잡고 하기를 좋아한다. 상대방의 눈을 바라보면서 아플 정도는 아니지만 확실한 악수를 하면 상대방을 믿음직하다고 생각한다. 유럽이나 남미 사람보다는 신체적 접촉이 덜 한 편이다.

⑥ 선물문화

미국과 비즈니스를 하면서 선물을 교환하는 일은 거의 없다. 많은 기업 윤리지침서에 뇌물로 오해하지 않도록 어느 정도의 선물이 허용되는지가 명시되어 있다. 고가 선물에 대해 불편해 할 수 있지만 회사 기념품이나 나라 또는 지역 특산품 정도는 허용된다. 집으로 초대할 때는 부인한테 꽃 또는 와인이나 초콜릿을 선물하는 경우가 많다.

우리 기준으로 봤을 때는 연회나 거한 저녁식사보다는 간단한 칵테일 파티를 선호한다. 한국인들은 잘 적응하지 못하고 아마 제일 싫어하는 행사 중에 하나 일 것이지만 미국인들은 이러한 칵테일 파티를 통해서 몰랐던 많은 사람들하고 만날 수 있다는 장점이 있다고 생각한다. 모르는 사람이더라도 직접 다가가서 자신을 소개하고 담소를 즐기면 된다.

⑦ 서면계약서

계약서에 모든 내용을 포함하려고 하기 때문에 상당히 길고 복잡하고 모든 경우의 수를 포함하려고 한다. 우스개 소리로 그래야 변호사들이 먹고 살 수 있다고 하는데 많은 경우에는 협상의 중요성에 따라 처음부터 변호사가 참석하는 경우도 있다. 서명하기 전에 초안을 가지고 조항마다 하나씩 검토하면서 이의가 있으면 논의하는 경향이 있다. 서명한 후에 문제가 생기면 계약서의 내용을 가지고 따지게 된다. 계약서에 없는 내용에 대해 지적하면 의심하게 된다.

*** 협상에서 보이는 미국인의 행동**

"Time is money."(시간이 돈이다)는 상당히 중요한 개념이다. 그래서 결정을 할 때 빠르게 하는 경우가 대부분이다. 의전, 형식, 체면 등과 같은 것은 그다지 중요하지 않다. 위험부담은 어느 정도 감수할 용의가 있고 대화 중에 침묵이 있을 경우 상당히 불안해 한다. 이 침묵을 깨기 위해 아무런 말이나 꺼내는 경우도 있다. 또 아니라고 생각하는 경우에는 스스럼 없이 'no'라고 한다. 직설적이고 이견이 있을 경우 주저 없이 말을 한다.

협상이 교착상태에 봉착하면 집요하게 해결책을 찾으려고 한다. 미국인들은 모든 것에 대해 해결책이 있다고 생각한다.

일관성이 있어서 일단 합의를 하면 마음을 바꾸는 경우가 거의 없다. 미래지향적이고 전통보다 실리와 혁신을 중시하는 경향이 있다.

2) 유럽

우리는 흔히 '유럽'이라고 하면서 프랑스, 독일, 영국, 체코, 헝가리, 핀란드 등의 나라를 하나로 뭉뚱그리는 경향이 있지만 실제로 유럽은 상당히 다양한 국가와 문화로 이루어져 있다. 협상하는 스타일도 역시 나라별로 상당히 다르다.

(1) 프랑스

프랑스인은 미국인보다 더 '논쟁적'(argumentative)이라 할 수 있다 미국인은 필요에 따라 토론을 하고 협조적인 반면, 프랑스인은 토론 자체를 협상의 중요한 일환으로 생각한다.

프랑스인은 준비를 잘 해오고 협상하는 당사자들이 직접 결정을 할 수 있는 권한이 있다고 생각한다. 프랑스의 교육제도 자체가 데카르트의 논리를 상당히 중요시하는 것을 감안할 때, 프랑스인을 상대로 협상을 할 때는 논리적인 제안, 논리적인 논쟁 그리고 논리적인 대안이 상당히 효과적이다. 협상 자체도 상당히 철학적이고 추상적인 토론의 형태를 취할 수 있다. 미국인들이 너무나 싫어하는 형태이다. 프랑스인들은 위험부담을 회피하는 경향이 있기 때문에 결과에 대한 장단점을 충분히 고려한 다음에 결정을 내린다.

미국인에 비해 프랑스인들은 인내심이 더 많다. 제안을 할 때 그 제안에 대한 어떤 질문도 충분히 답변할 준비를 해야 한다. 디테일도 중요하지만 대부분의 경우에는 협상 끝에 논의가 된다.

① 연락

프랑스에서는 연줄, 연고가 상당히 중요하다. 공식적인 소개가 없으면 트레이드 쇼 혹은 공식적인 무역사절단을 통해서 접촉하는 방법이 있다. 처음에는 서신으로 연락하는데 비즈니스 언어인 영어로 편지를 보내면 아마 쳐다보지도 않고 쓰레기통에 버려지기 쉽다. 완벽한 프랑스어로 정중하게 써야 한다. 또 위계질서가 뚜렷한 나라이기 때문에 제일 높은 분 – 대표이사, 사장 혹은 CEO한테 보내는 것이 좋다.

② 관계의 중요성

프랑스는 네트워크의 나라라고 해도 과언이 아니다. 계통을 밟는 것보다 아는 사람을 통해서 일을 처리하면 훨씬 빠르다. 비즈니스를 하기 전 상대방을 알려고 할 때 프랑스 역사, 문학, 예술, 철학 또는 요리와 와인에 대해 박식하면 상당히 좋은 인상을 주게 된다.

③ 시간 개념

방문하는 사람은 시간을 잘 지키는 것이 바람직하다. 그러나 파리와 리옹 등의 대도시 외에는 상대방이 조금 늦게 나타나는 것이 그렇게 놀라운 일이 아니다. 그리고 회의 자체는 정해진 의제를 꼭 지키기보다 자유스러운 토론의 형식을 갖추게 되고 참석자 모두가 의견을 개진하는 경우가 많다.

④ 위상

교육수준, 가족 배경 그리고 부에 따라 위상이 결정된다. 프랑스에는 대학교보다 "그랑제콜"(Grandes Ecoles)이라고 하는 명문 학교가 있는데 여기의 졸업생들이 정부와 대기업의 주요 자리를 독점하고 있다. 프랑스 상사들은 권위적인 스타일로 기업을 운영하는 경향이 있고, 메니저들은 상당한 실력을 갖추고, 모든 질문에 대한 답변이 준비되어 있어야 한다.

⑤ 의사소통

프랑스인들은 언어적으로 또는 비언어적으로 표현이 풍부한 편이다. 논하는 것을 즐기기 때문에 비즈니스 회의 중에도 활발한 토론을 한다. 익숙하지 않는 사람은 적대적인 성향으로 오해할 수 있지만 전혀 그런 것이 아니다.

프랑스인들 중 영어를 잘 하는 사람도 있지만 프랑스어로 의사소통 하기를 원하고 이를 당연시 한다고 볼 수 있다. 비즈니스이기 때문에 그냥 영어로 하려고 하면 좋은 효과를 기대하기 어렵다. 통역사를 통해서라도 프랑스어로 의사소통하는 것이 바람직하다. 프랑스인들은 모국어에 대해 남다른 애착을 갖고 있기 때문이다.

프랑스인들은 친구들과 친척 사이나 친밀한 사이에서는 신체적 접촉이 상당히 많은 편이지만, 비즈니스인 경우는 신체적 접촉이 그리 많지 않다. 단, 처음 만나고 헤어질 때는 악수를 해야 한다.

⑥ 제안

발표를 하면서 과장된 내용 또는 경박한 유머는 좋하지 않는다. 침착하고 논리적인 발표가 더 잘 전달된다. 만약에 발표 내용에 대한 강한 이견이 있으면 조목조목 반박할 준비가 되어 있어야 한다. 청중이나 상대방이 발표에 대한 강력한 반대를 표명할 경우 제안에 대한 전체적인 무관심을 뜻하는 것은 아니다. 오히려 관심을 나타내거나 논의를 위한 반대일 수도 있다.

협상이 시작되면 회의의 체계가 떨어지거나, 길어지거나 논쟁이 빈번한 것에 대해 일단 마음의 준비를 하는 것이 좋다. 논리적 사고에 대해 높이 평가하기 때문에 상대방의 논리에 허점이 보이면 즉각적으로 지적하는 경향이 있다.

최종 결정은 협상팀의 제일 고위 팀원이 하게 되는데 빠르게 결정하지는 않는다.

⑦ 의전

비즈니스 환경에서 프랑스인들의 옷차림과 행동은 상당히 형식을 중요시 하는 편이다. 프랑스는 패션의 나라로 유명한 만큼 프랑스인들은 옷에 신경을 쓰고 멋있게 옷을 입는 편이다.

다른 유럽인 – 네덜란드, 영국, 독일 –에 비해 점심식사가 비즈니스 하는데 중요하다고 생각한다. 요즘은 비즈니스 조찬도 인기를 얻고 있다. 비즈니스 점심은 보통 2-3시간 걸리고 와인도 꼭 있어야 한다. 하지만 점심

식사를 하면서 사업얘기를 하는 것은 바람직하지 않다. 상대방이 먼저 말을 꺼내기 전에 말을 건네지 않는 것이 현명하고 대부분의 경우, 후식 때쯤 말이 나오기 시작한다.

집으로의 저녁식사 초대는 파리보다는 지방에서 자주 있는 일이다. 약속시간보다 약 15분 정도 늦는 것이 예의이다. 빈손으로 가는 것이 예의가 아니기 때문에 뭔가 들고 가야 하는데 갑자기 꽃을 가지고 가면 안주인이 꽃병을 찾느라고 분주할 수 있기 때문에 좋지 않다. 와인은 너무 싼 것을 가지고 가면 인색하다는 인상을 줄 수 있고 너무 비싼 와인을 가지고 가면 상대방이 준비한 와인이 시시하다는 것을 암시할 수 있기 때문에 곤란할 수 있다. 역시 제일 무난한 선물은 고가의 초콜릿이다.

(2) 영국

영국인이 최종결과와 단기적인 결과에 대해 관심을 보이는 데에 있어서는 미국인과 비슷하지만, 의견을 얘기할 때 직접적인 방식보다 우회적인 방식을 선호하고 예의, 형식을 갖추고 적절한 표현을 사용하면서 말을 한다는 점에서 미국과 다르다. 영국인은 속마음을 보여주지 않는 경향이 있기 때문에 반응을 정확하게 파악하기 쉽지 않다. 사업을 할 때도 상대방의 기분이 상하지 않도록 노력하고 긴장감이 감돌기 시작하면 유머를 이용해서 긴장감을 풀도록 한다.

영국인들은 위험부담을 피하기 위해 협상에서 신중함, 안정감 그리고 현상유지를 선호한다. 프랑스인과는 달리 협상을 하면서 토론을 피하고 구체적인 경험사례를 존중한다.

① 연락

영국에는 “old school ties” 또는 “the old boys’ network”이라는 표현이 있을 정도로 연줄, 연고가 중요하기 때문에 소개를 받아서 처음 접촉하는 것이 바람직하다. 이러한 연줄이 없으면 트레이드 쇼에서 만나거나 상공회의소를 통해 소개 받을 수 있다.

서면으로 회사와 제품 소개를 한 다음 전화 연락을 취해서 약속 시간을 정하면 된다. 상대방이 시간과 장소를 정할 것이다.

처음 만나면 곧바로 비즈니스 얘기보다는 서로에 대해 더 알려고 할 것이다. 영국인이 비즈니스 얘기를 꺼내기 전에는 언급하지 않는 것이 바람직하다.

② 위상

미국에서는 개인의 성과가 위상을 결정하지만 영국에서는 고향, 사회 계층, 가족 배경과 악센트까지 모두 포함되어 위상이 결정된다. 영국인과는 곧바로 first name을 지칭하지 말고 2～3번 정도 만난 다음부터 이름을 부르는 것이 좋다. 최근 젊은 영국인들은 기성세대보다는 좀 덜 형식적인 면을 보이는 경향이 있다.

③ 의사소통

영국인은 미국인보다 감정 표현을 억제하는 경향이 있다. 몸짓에서도 볼 수 있지만 최대한 억제하려고 한다. 구두로 표현할 때 대부분의 사람들은 직접적인 어투를 쓰지만 귀족계층의 사람들은 모호하고 우회적인 말투를 사용한다.

처음 만날 때는 가볍게 악수를 한다. 악수 외에는 신체 접촉이 거의 없다고 보면 된다. 앉아서 얘기 할 때는 마주 앉기보다는 90도 각도로 앉아서 말을 하는 것이 더 편하게 느껴진다. 너무 오랫동안 눈을 쳐다보면 무례하다고 느낄 것이다.

④ 제안

영국인한테 제안을 하거나 브리핑을 할 경우, 너무 과장된 말을 쓰면 좋지 않게 받아들여질 수 있으니 발표는 사실만 얘기하고 솔직해야 한다.

⑤ 서면계약서

상당히 자세하게 작성해서 나중에 문제가 생기면 계약서를 위주로 논쟁을 풀게 된다. 계약서 외에 다른 요소를 언급하게 되면 의심의 소지가 생긴다.

Core values

나라마다 제일 중요하게 여기는 가치가 있다. 프랑스에는 자유, 평등, 박애(liberty, equality, fraternity 또는 불어로 liberté, égalité, fraternité)를 주창하는 것을 보면 개인의 자유와 자립심을 중요하게 여기는 것은 당연하다고 할 수 있다. 합의가 있다고 당연히 따라가기 보다는 별도의 해결책을 찾으려고 하는 것도 바로 이러한 가치 때문이다. 역사적으로 볼 때 미국이 프랑스로부터 영향을 받았기 때문에 역시 이러한 가치를 중요하게 생각하지만 거기에다 can do 정신까지 가미가 되었다고 볼 수 있다. 열심히 노력하면 무엇이든 할 수 있다는 정신이 강하다.

영국인은 과정은 투명하기를 원하지만 사생활의 프라이버시는 철저하게 지키기를 원한다. 독일인은 효율성, 명확성 그리고 질서를 선호한다. 러시아, 미국과 프랑스의 경우에는 자국을 신랄하게 비판하지만 남이 비판하는 것은 참지 못한다.

---

(3) 독일

유럽인들 중에 독일인이 제일 어려운 협상 상대로 여겨진다. 준비도 철저하게 하고 진지하고 조직화된 협상을 한다고 정평이 나 있다. 인간관계에 그다지 영향을 받지 않기 때문에 처음 만날 때는 상당히 냉정하고 무감정적으로 보인다. 협상과정에서는 특히 기술적인 면에 포커스를 두며, 상대방도 또한 상세하고 철저한 답변을 해주기를 기대한다. 그렇기 때문에 회의 자체가 길어지기 십상이다.

또한 독일인들은 협상에서 상당히 격식을 따지고, 의제도 준비한다. 협상을 하게 될 사람들은 주제에 대해 전문가일 것이고 기술적인 면을 잘 알고 있는 사람들이 있기 마련이다.

독일인들은 위험부담을 꺼리는 경향이 있기 때문에 결정을 내릴 때 상당히 신중하고 느리다. 회의에서 결정을 하게 되는 경우가 많다. 합의를 하게 되면 고품질, 보증기간 그리고 납품 기일을 모두 철저하게 지키도록 해야 한다.

감정 표출과 잦은 방해에 대한 반감이 있기 때문에 이러한 행동은 피하는 것이 바람직하다. 대화법 자체는 직접적이고 상세하고 구체적인 것을 선호한다. 발표를 하거나 자료가 있을 때 독일인들한테도 충분히 제공해주는 것이 바람직하다. 모든 자료를 철저하게 검토한 다음에 결정을 하게 되고, 일단 한 번 결정하면 독일인들은 그 결정을 지키고 재협상의 여지는 없다.

① 기본접근방법

비즈니스를 하면서 관계형성보다는 특정한 사안에 대한 장점이 많으면 그것으로 만족한다. 협상을 하면서 관계가 맺어진다고 생각하기 때문에 처음 만나서도 잠깐의 잡담 후에 곧바로 비즈니스 얘기로 들어간다.

② 시간

독일인들은 시간엄수를 상당히 중요하게 생각한다. 실은 시간엄수라는 것은 몇 분 일찍 도착하는 것을 의미한다. 지각하는 것은 신뢰할 수 없다는 것과 동일시 된다. 만약에 피치 못할 상황이 생기면 미리 알리는 것이 필수다. 스케줄과 회의 의제는 철저하게 지키고, 전화 또는 방문자 등으로 비즈니스 회의가 방해 받는 것은 있을 수 없는 일이다.

③ 의사소통

대부분의 독일 비즈니스맨들은 영어로 회의를 진행하는 것에 대해 거리낌이 없다. 그럼에도 불구하고 독일어를 잘 하는 사람이 팀원으로 있으면 유리 할 수 있다.

서로가 서로를 잘 이해했는지가 중요하기 때문에 꾸밈 없이 생각하는 대로 말하는 경향이 있다. 관계를 중요시하는 사람들은 완곡하게 말을 하는 경향이 있는 것과는 달리 독일인들은 직설적이고 솔직하다.

감정표현에 있어서는 상당히 절제하고 라틴계 유럽인들이나 남미 사람들보다는 몸짓이나 얼굴표정이 적으며 다른 연사가 발언을 할 때 방해하지 않는다.

③ 위상

독일사회에는 어느 정도의 형식이 지켜지기 때문에 비즈니스를 하면서도 형식적인 면이 계속 지켜진다. 따라서 높은 지위, 직책 또는 교육수준에 대해 경의를 표하는데 독일 메니저 중 박사학위 소지자가 다른 나라보다 훨씬 많다. 독일의 100대 기업의 이사회 이사들 중 박사학위를 보유하고 있는 사람이 약 40%에 달한다.

상대방을 지칭할 때는 Dr. ○○○ 또는 Herr Doktor라고 하고 여성인 경우에는 Frau Doktor라고 하고 20세 이상의 여성한테는 결혼 여부와 관계 없이 무조건 Frau라고 지칭한다.

④ 제안

독일인한테 발표할 때는 상당히 구체적이고 디테일이 많을수록 반응이 좋다. 화려한 화면보다는 역사와 배경 내용을 중요시하고 이를 뒷받침 할 수 있는 증빙자료가 있어야 한다. 비즈니스 발표를 신중하게 여기기 때문에, 유머는 삼가하는 것이 바람직하다. 제안을 제시하면서 옥신각신할 생각을 하면 안 된다. 적당한 마진을 두고 제시하는 것이 바람직하다. 일본인들처럼 독일인들도 준비를 철저하게 한다. 그뿐만 아니라 그 어떤 설득 또는 압력에도 끄떡 없이 고집스럽게 처음 입장을 지키는 경향이 있다.

최종결정을 하기 전에 관계자와 오랫동안 협의를 하기 때문에 미국보다는 결정 내리는 데 시간이 걸리지만 일본인이나 다른 아시아 국가보다는 빨리 결정한다.

⑤ 의전

독일은 선물문화가 약하기 때문에 너무 고가의 선물을 주게 되면 독일인들은 당혹해 한다. 선물을 하고 싶으면 회사 기념품이나 고장의 기념품이 적합하다.

독일인들은 비즈니스와 사생활을 분명하게 분리해서 생각한다. 식사를 하면서 사업얘기를 하는 것을 좋아하지 않고 만약에 할 경우에는 전후에 하게 되고 식사 중에는 피한다.

(4) 이탈리아

이탈리아에서는 인간관계가 상당히 중요하다. 이탈리아의 사업가들은 상대방과 어느 정도의 호감이 있어야 사업도 같이 할 수 있다고 생각한다. 하지만 동시에 이탈리아 사업가들은 자신 있고 빈틈 없고 실력 있는 협상가라는 것을 잊어서는 안 된다. 처음 만나면 여담의 시간이 상당히 길고 "자리잡기" 시간이 길다. 하지만 이 시간은 상대방과 친해지기 위한 중요한 단계이고, 서로 어느 정도 편해지면 본격적인 협상이 시작된다.

다른 유럽인들과는 협상 스타일과 대화법이 상당히 다르기 때문에 처음에는 상당히 혼란스럽고 정신 없을 수도 있다. 핵심을 말하는 데 시간이 걸리고 서로가 서로의 말을 가로막으면서 여러 대화가 동시에 이뤄지는 경우도 있다. 공식적인 협상에서 팀 리더가 감정적으로 호소하는 데 많은 시간을 할애할 수도 있다. 그리고 우리 한국 사람들이 보기에는 쇼맨십이라 느끼는 행동까지 곁들이는 경우도 있다. 이탈리아인 입장에서는 그들의 입장을 충분히 설명해야 한다고 느끼기 때문에 감정에까지 호소하는 것이다. 마찬가지로 발표를 할 때 명확하고 구체적이면서도 약간의 극적인 요소까지 있으면 더더욱 효과가 있다.

① 시간

유럽 남부로 가면 갈수록 시간에 대한 개념이 흐려지는 경향이 있다. 판매자가 시간을 엄수하는 것은 당연하지만, 상대방이 꼭 그럴 것을 기대하면 실망할 수 있다. 조금 지각해도 무례하다고 생각하지 않기 때문에 그냥 받아들이는 것이 건강에 좋을 것이다.

② 관계

이탈리아인들은 비즈니스 하기 전에 상대방을 알려고 하기 때문에 전화, 팩스 혹은 이메일 보다는 얼굴을 보면서 비즈니스 할 준비가 되어 있어야 한다. 상대방과 친해져야 한다고 생각하기 때문에 몇 분의 잡담으로 충분하지 않고 식사를 같이 하는 것이 최상이다. 급하게 생각하지 말고 맛있는 파스타와 와인을 즐기면서 관계를 구축하려고 노력해야 한다.

③ 의사소통

이탈리아 특히 로마와 나폴리에서 비즈니스 논의를 할 때는 마치 말다툼을 하는 것처럼 보인다. 이탈리아인들은 말을 하면서 정열적 또는 열광적으로 대화를 한다. 상대방이 어떤 말을 할 것이라고 예측을 하면서 상대방이 말을 하는 도중에 끼어들어서 동시에 말을 한다. 그렇기 때문에 이탈리아인들이 대화를 할 때는 동시에 여러 사람이 말을 하게 되는데 이것이 무례하다고 생각하지 않는다.

상대방과 실질적인 거리를 많이 두지 않으며 신체적 접촉이 잦은 문화이다. 하지만 먼저 청하기보다는 상대방이 청할 때까지 기다린다. 또한 이탈리아에서는 시선 처리가 중요하다. 상대방한테 관심을 표현하기 위해서는 (우리가 보기에는) 거의 뚫어질듯이 쳐다보고, 시선을 피하면 관심이 없는 것으로 생각한다.

우스개 소리로 이탈리아인의 손을 등 뒤로 묶으면 벙어리가 된다고 할 정도로 이탈리아인들은 손짓을 많이 한다. 하지만 협상과 같은 공식적인 자리에서는 상대적으로 자제하는 편이다.

(5) 러시아

오랫동안 공산주의 국가로 지낸 나라로 비즈니스 협상에 대한 필요성을 그리 크게 느끼지 않았으나 개방 후 빠르게 변화하고 있다. 과거에는 모든 협상이 국가 이익과 정치 문제와 연관되어 있었지만 현재는 그렇지 않다. 서양세계와 오랫동안 고립되어 있었기 때문에 서양의 다양한 절차와 과정에 대해 잘 모를 수 있다. 지리적으로는 유럽과 아시아에 걸쳐있지만, 두 대륙으로부터 고립되었다고 할 수 있다. 아직드 정치적인 안정, 범죄와 부정부패에 대한 우려로 여전히 사업하기가 힘든 나라로 여겨진다. 또한 까다로운 규정과 관료적인 규칙들이 혼란을 주기 쉽다. 하지만 이러한 어려운 점을 극복한다면 거대한 시장을 만날 수 있을 것이다.

① 기본 접근방법

러시아인들은 협상에 임할 때 win-win보다는 win-lose으로 생각하는 경향이 있다. 즉, 그들의 이득을 최대화하고 상대방의 손해를 최대화하는 것이다. 타협의 부정적인 의미 때문에 일반적으로 타협을 하려고 하지 않는다. 타협이라는 단어를 사용하지 않으면서 결국에는 타협과 같은 제안을 하거나 양보를 하는 것이 바람직하다. 러시아 협상가는 터프하고 예리하고 상당히 조심스럽게 양보를 한다. 때에 따라 책상을 두드리거나 화를 내거나 감정을 표출하고 윽박지르거나 박차고 나가는 경우도 있다. 이럴 때는 침착해야 한다. 인내심을 갖고 버티면 결국에 이기는 것이다.

연고를 blat이라고 하는데 관계가 중요시 되는 나라이기에 일을 하기 위해서는 연고가 있어야 한다. 러시아인들은 얼굴을 보면서 사업하기를 좋아하기 때문에 출장을 자주 갈 것을 예상해야 한다. 물론 전화도 자주 해야 하고 특히 출장 갈 때는 보드카를 많이 마실 것에 대해 어느 정도 대비를 해 두는 것이 바람직하다.

② 팀구성원

러시아 협상가는 전문인이고 능력, 경험과 전문지식에 따라 협상가로 발탁될 수 있다. 팀 구성원은 한 번 구성되면 수 년 동안 지속되기 때문에 팀원들 간에 상당한 결속력이 생긴다.

③ 의사소통

다른 관계중심 문화와는 달리 러시아 협상가는 의도한 것을 직접적으로 표현하고, 말을 할 때 직설적으로 하기 때문에 때에 따라 너무 솔직해서 당황할 수도 있다.

대화 방법에 있어서는 처음에는 다소 조용하고 자제된 태도를 보여주지만 시간이 지나면서 표현이 조금 더 자유스러워진다. 협의 중 중요한 시점에 화를 내기도 하고, 감정 표출을 하는 경우가 있다.

친한 사람하고는 신체적 접촉이 잦다. 포옹하고 볼에 뽀뽀한다. 협상할 때는 눈을 직접 보는 것이 바람직하다. 한국의 돈 표시-엄지와 집게손가락을 동그라미로-는 러시아에는 욕이기 때문에 피하는 것이 바람직하다. 서 있을 때 손을 주머니에 넣고 서 있으면 무례하게 생각한다.

④ 의전

스칸디나비아인들은 대체로 형식에 얽매이지 않는 반면 상대적으로 독일과 프랑스 사람은 형식을 중요시 하는 경향이 있다. 그 뿐만 아니라 형식을 중요시하는 나라들은 위계질서도 중요시 한다 - 일본과 프랑스의 경우가 그렇다. 반면 형식을 덜 중요하게 생각하는 나라들은 평등을 지향한다 - 스칸디나비아와 호주의 경우다.

이에 비해 러시아 문화는 형식과 위계질서도 모두 중시하지만, 동시에 평등주의이다. 형식주의는 러시아인들의 의상과 인사법에서 볼 수 있고, 위계질서는 top-down 경영방식이나 남성 위주의 권위 지향적 인사에서 확인해 볼 수 있다. 처음 러시아인을 만날 때는 격식을 갖춘 의상과 행동이 요구된다. 러시아에는 회사에 여성임원이 거의 없기 때문에 어떻게 대해야 할지를 잘 모르고 여성에 대해 기사도 정신을 발휘하지만 한편으로 얕보는 경향이 있다. 두 번째는 최종 결정은 조직의 대표가 하기 때문에 진전이 느리고 협상하면서 지연도 빈번하다. 협상을 할 때는 시간을 낭비하지 않도록 결정권을 갖고 있는 사람과 하는 것이 중요하다.

⑤ 시간

러시아인들 사이에는 시간 엄수를 그렇게 신경 쓰지 않지만 외국인을 만날 때는 노력을 한다고 한다. 하지만 복합시간 문화에 속하기 때문에 그런 노력이 아주 효과적이지는 않다. 대부분의 경우에는 회의가 한 시간 늦게 시작하기도 하고, 예상 시간보다 훨씬 늦게 끝나기도 한다. 또 러시아 임원들은 동시에 서너 사람과 3-4개 대화를 나누는 것을 이상하게 생각 하지 않는다.

⑥ 서면 계약서

다른 나라에서처럼 서면 계약서가 중요하지만 계약서에 서명한 후에도 계속해서 계약서 내용에 대해 재협상하려고 하는 경향이 있다.

방문해도 될까요?

방문할 국가의 공휴일 또는 휴가철은 가급적이면 피하는 것이 바람직하다. 만날 사람을 만나지 못할 것이고 필요한 정보도 얻어가기가 어려울 것이다. 독일과 프랑스에서는 휴가철은 물론, 주말과 공휴일에도 일을 하지 않기 때문에 그때를 피하는 것이 바람직하다. 프랑스와 이탈리아의 경우에는 8월에 모두 산이나 바닷가에 가기 때문에 도시는 텅 비어 있다. 중국에는 설 연휴가 상당히 길고 사람들이 본격적으로 쉬는 기간이기 때문에 그때 사업하러 가면 별 재미를 보지 못할 것이다. 일본에는 4월 29일부터 5월 5일까지가 봄방학이다. 또 칠레, 남아공과 호주에는 여름 방학이 1월~2월에 있다.

회교 국가를 라마단 기간에 방문하게 되면 일하기가 상당히 힘들 것이다. 회사 문은 열려있지만 거의 일을 안 보기 때문에 답답하기만 할 것이다. 라마단은 회교 음력으로 아홉째 달인데 이슬람교도는 해가 뜰 때부터 질 때까지 금식을 하게 된다. 그렇기 때문에 중요한 일을 아침 일찍 또는 해가 진 다음에 하게 된다. 시간이 갈수록 사람들이 무기력해지고 신경질적으로 변하기 때문에 이 기간을 피하기 위해 오히려 그들의 방문을 요청할 수 있다.

3) 남미

일반적으로 남미인들은 사업을 할 때 직접 만나서 하기를 선호한다. 사업의 인간적인 면이 상당히 중요하기 때문이다. 친구라고 생각되는 사람하고 사업하기를 좋아하기 때문에 전혀 모르는 사람하고는 사업 하기를 꺼려한다. 제시한 안이 다른 사람보다 못하더라도 인간관계가 있으면 채택된다. 많은 대화와 만남이 있어야만 관계가 형성되고, 이러한 관계가 성립되기 위해서는 시간이 걸린다.

(1) 브라질

① 기본 접근방법

브라질 사회는 웅변, 재치, 말주변 등을 상당히 높이 사기 때문에 토론이나 협의는 어떤 특정 목적을 달성하기 위해서만 하는 것이 아니고 협상과정 그 자체를 즐기는 경우가 많다. 그리고 트론은 활발하고 열띤 분위기로 진행된다.

브라질 협상가는 그들의 의지를 강요하기보다는 제안하는 성향이 있다. 토론하고 있는 주제보다 토론하는 사람들의 관계를 더 중요시하기 때문에 주고받는 것이 없으면 브라질인들은 서로 마음이 통하지 않았다고 생각한다.

② 사회

브라질 사회는 위계질서가 중시되고 신분이 날 때부터 정해진다. 그러기 때문에 협상팀은 엘리트 교육을 받은 교수 또는 사회 저명인사로 구성되는 것이 일반적이다. 협상팀을 구성할 때 달주변이 있고 성격이 상냥하고 사회적 그리고 정치적인 연줄이 있는 사람이면 더 유리할 것이다.

대부분의 브라질 회사들은 개인 소유이기 때문에 소유주가 직접 운영하는 경우가 많다. 협상을 하면서 고용된 사장인지 아님 소유주인지 빨리 파악하는 것이 유리하다.

③ 개인 성향

브라질인들은 상당히 사교적이고 가족을 중요시하지만 커리어면에서는 개인주의라고 할 수 있다. 협상을 하면서 팀보다 개인의 성과를 더 중요시하기 때문에 다른 팀원한테 기대거나 의존하는 경우는 거의 없다. 은근히 다른 팀원보다 돋보이려 노력을 한다.

여성들의 사회 진출이 점점 눈에 띄고 있지만 여전히 마초적인 남성들이 존재하고 고위직에는 압도적으로 남성이 많다.

④ 의전

브라질의 협상 태도는 한편으로는 형식을 따지지만 또 한편으로는 그렇지 않다. 브라질인들이 사회계층에 대해 항상 인식하기 때문에 올바른 태도와 격식을 지킬 줄 알지만 사교모임을 통해 격식 없이 상대방을 알게 됨으로써 협상을 용이하게 만든다.

격식의 중요성은 특히 브라질인들의 패션을 보면 알 수 있다. 패션 감각이 없어서 멋지게 입지 못하면 권위가 떨어지고 관심의 대상이 되지 못한다. 따라서 격식에 맞춰서 옷을 입는 것이 중요하다.

나이, 연공서열 그리고 위상이 상당히 중요하다. 회의 자체는 격식을 따져서 진행된다. 협상 처음에는 Señor + 성, 예를 들어 Señor Kim이라고 부르고, 상대방이 직책이 있으면 직책으로 부른다. 협상이 진행되면서 서로를 어느 정도 잘 알게 되면 이름을 부르게 된다. 협상 시작할 때나 끝날 때 악수를 하게 되는데 이는 서로에 대한 존경심을 나타내기 때문에 상당히 중요하다.

회의 끝에는 부드러운 분위기를 조성하기 위해 후한 접대를 한다. 협상 전체 분위기를 조성하는데 신경을 많이 쓰고, 이러한 분위기를 통해서 서로가 서로를 믿을 수 있게 된다고 믿는다.

⑤ 언어

말을 할 때 직설적으로 하기보다는 의미와 의도를 우회적으로 표현한다. 어떤 문제에 대해 관심 있거나 우려가 있을 대 두서없이 말을 하는 경우가 있는데 이것은 주제를 피하려고 하는 것은 아니다. 대화를 하면서 상대방의 눈을 정확하게 응시해야 하고, 개인 공간은 거의 없다고 생각하면 된다. 말을 하면서 상대방을 만지는 경우가 많은데 귓불을 잡아 당기면 좋다는 뜻이다. 미국에서는 좋다는 표시의 손동작은 한국에서는 돈을 뜻하고, 브라질에서는 욕을 뜻하므로 손짓을 할 때 유의해야 한다.

⑥ 시간

브라질은 전형적인 복합시간 문화이다. 다시 말해, 협상을 하면서 사전에 정한 시간표보다는 사람들의 참여와 합의에 도달하는 것을 더 중요하게 생각한다. 시간에 대해 신경을 쓰지 않는다기보다는 시간에 대한 태도가 융통성 있다그 하면 더 정확할 것이다. 브라질에서는 추상적인 시간표보다는 인간이 더 중요하다고 생각한다.

브라질에서 협상을 하려면 인내심이 있어야 한다. 조급하게 생각하거나 정해진 시간에 어떤 목적에 달성하려고 하면 오히려 집착하고 있다고 생각할 것이다. 브라질의 자체 리듬이 있기 때문에 거기에 맞춰야 한다. 브라질에는 모든 것이 느리고 생각보다 더 오래 걸리는 경우도 많다. 행사가 있을 때 제시간에 시작하는 경우가 거의 없다.

⑦ 서면 계약서

브라질인들은 개인적으로 변호사를 믿지는 않지만 자신들의 이해를 보호하기 위해 필요하다고 생각한다. 협상에 대해 합의가 되면 악수하고, 명예를 걸고 지켜야 한다고 생각하며 합의 후 변호사들이 실무진과 같이 계약서를 작성해서 합의서를 공식화한다.

(2) 아르헨티나

아르헨티나인은 직접 만나서 사업을 하기를 선호하고 만날 때는 아르헨티나의 풍습과 관습, 언어(스페인어) 등을 잘 아는 사람과 동행하는 것이 바람직하다. 협상을 하는 사람들이 최종 결정권자가 아닌 경우가 많기 때문에 직접 대화하는 사람들이 누구이고 어디까지 결정권을 가지고 있는지 미리 확인 하는 것이 바람직하다. 대부분의 경우 사장, 회장 또는 최고 상사가 모든 결정권을 갖고 있기 때문이다. 아르헨티나인들은 거래보다 win-win상황을 선호한다.

상당히 격식을 존중하기 때문에 협상과정을 시작할 때는 환영인사, 모두발언으로 시작하고, 협상 중에 설사 반대의견이 있더라도 잘 표출하지 않고, 발언도 대표가 주로 하고 나머지 사람들은 조용히 참관하는 경우가 대부분이다. 아르헨티나인들은 또 감정과 친밀함을 내세워 설득력 있게 더 많은 양해를 구하려고 하는데, 여기에 쉽게 넘어가지 않도록 주의해야 한다. 때에 따라서는 극한 감정을 표출하거나 신경질 부리는 것을 하나의 전략으로 사용하기도 한다. 이때 같이 휘말리지 않고, 침착하게 기다리면 다시 분위기가 차분해지기도 한다.

협상 끝에는 계약서를 작성하게 되는데 아르헨티나에서는 변호사와 회계사들이 철저하게 검토를 한 다음에 서명을 하게 된다.

(3) 멕시코

① 접촉

현지 연줄이 상당히 중요하다. 모르는 회사에 아무런 소개 없이 연락하면 허탕을 칠 것이다. 차라리 트레이드 쇼 등을 통해서 상대방을 알게 되는 것이 바람직하다. 처음 접촉할 때는 회사의 대표자나 책임자 급에게 연락해야 한다. 처음 편지를 보낼 때는 스페인어로 작성하고 앞으로는 영어로 연락하기를 원한다고 하면 된다. 약 2주 전에 약속을 잡지만 시간과 장소는 멕시코인 측이 정하도록 한다.

② 관계

비즈니스 얘기를 꺼내기 전에 상대방과 충분히 친해져야 한다. 멕시코 미술과 문학에 대해 논할 수 있으면 좋은 인상을 줄 것이고 직접 만나서 오랜 시간을 투자하면 할수록 좋다. 2～3번의 만남에 어느 정도의 신뢰 구축이 이루어졌으면 그 다음부터 구체적인 비즈니스 얘기에 착수할 수 있을 것이다. 멕시코인들은 깊고 장기적인 관계를 중요시하기 때문에 비즈니스 성공 여부에는 개인관계가 중요한 부분을 차지한다. 여기도 역시 연줄이 비즈니스하는 데 많은 도움을 준다.

③ 시간

북부는 점점 서구화가 되고 있지만 멕시코 전체로 봤을 때는 시간 엄수를 기대하기 어렵다. 30분 정도 늦어도 큰 무리가 아니라고 여기기 때문에 하루에 약속을 촘촘하게 여러 개 잡지 않는 것이 바람직하다. 하루에 오전 약속 하나와 오후 약속 하나 정도가 적당하다.

④ 의사소통

갈수록 영어를 하는 비즈니스맨들이 많아지고 있지만 스페인어를 구사할 수 있으면 당연히 유리하다. 모든 회사 자료 등은 스페인어로 번역해서 가지고 가는 것이 바람직하다.

말을 하면서 표현이 풍부하고 상대 발언이 끝나기도 전에 말을 시작할 수도 있으니 놀라면 안 된다. 그들은 이를 절대로 무례한 행동으로 생각하지 않는다. 손짓발짓을 많이 하고 상대방과의 거리를 많이 두지 않는 편이다. 멕시코에서는 "눈이 '영혼의 창'"이라고 생각하기 때문에 시선을 계속 유지해야 한다. 시선을 유지하는 것을 정직하다는 표시로 여긴다.

⑤ 위상

형식이 중요하기 때문에 친해지기 전에는 직책을 사용하여 부르는 것이 바람직하다. 예를 들어, Doctor Rodriguez, Director Santos 또는 Professor Royo. 조금 친해지면 직책만 사용하다가 상대방이 first name으로 부르자고 제안을 하면 바꾸면 된다.

⑥ 의전

만나고 헤어질 때 악수를 하지만 미국에서 보다는 약하게 잡는다. 상대방이 여성인 경우에 고개를 약간 숙이고 여성이 먼저 악수를 청할 때까지 기다린다.

회의 중에는 전화 또는 방문자가 불쑥 나타날 수 있다. 이것이 일상이고 전화를 받지 않거나 방문자를 만나지 않고 보내면 오히려 무례하다고 여기기 때문에 회의를 중단하고 전화를 받거나 방문자를 만난다.

상대방한테 좋은 인상을 주기 위해서는 식사를 할 때, 최고의 식당에서 접대를 해야 한다. 여러 메뉴를 제안하여 그 중에서 상대방이 고르도록 하는 것이 좋다. 조찬과 중식에는 비즈니스 얘기를 해도 괜찮지만 저녁식사 때는 사교의 기회로 생각하는 것이 좋다. 조찬은 보통 8시쯤이고 점심은 약 2시에 시작하고 저녁은 9시부터이다. 상대방이 한 번 초대 했으면 다음에는 이쪽에서 초대해야 한다.

⑦ 제안

협상과정이 길고 험난할 수 있기 때문에 처음 제안서를 제출할 때 마진을 넉넉하게 두는 것이 바람직하다. 마감일과 시간표를 엄격하게 지키지 않는 경우가 상당히 많기 때문에 속으로는 조금 여유 있게 생각하면 마음이 편할 것이다.

상대방이 제안한 것에 너무 쉽고 빠르게 응하면 너무 많은 양보를 했다고 생각하기 때문에 심사숙고하는 시늉을 하면서, 제안을 고려할 시간이 필요하다고 해야 한다.

시간지향성

전세계적으로 시간에 대한 문화적인 태도는 두 가지로 나뉘어진다: 단일시간과 복합시간이다. 단일시간(monochrome)의 경우에는 시간에 대해 직선으로 생각하고, 순차적으로 생각하고, 일을 처리할 때 한 가지를 끝낸 다음에 다른 일을 하게 된다. 이러한 접근방법은 유럽 문화의 영향을 받은 나라에서 찾아 볼 수 있다. 예를 들어, 미국, 독일, 스위스와 스칸디나비아 국가들이다. 일본도 이 스펙트럼의 끝에 있다고 볼 수 있다.

복합시간 문화(polychrome)는 여러 일이 한꺼번에 이루어지고 많은 사람들이 관여한다. 어떠한 일을 처리하는 데 걸리는 시간은 유동적이고 꼭 시간표에 맞춰서 끝낼 필요는 없다고 여겨진다. 이러한 성향은 지중해와 라틴문화권에서 볼 수 있고 그 중에 프랑스, 이탈리아, 그리스, 멕시코 그리고 아시아 일부 국가와 아프리카 문화에서도 볼 수 있다.

복합시간 문화의 협상가는 대체로

- 회의를 정확한 시간에 시작하고 끝내기보다는 유동적이다.
- 적절할 때 커피 브레이크를 갖는다.
- 한꺼번에 정보가 쏟아져도 다 받아들인다.
- 서로가 서로의 마음을 읽을 줄 안다고 생각한다.
- 서로가 말을 할 때 겹쳐도 무관하다.
- 지각을 그렇게 심각하게 생각하지 않는다.

단일시간 문화의 협상가는 대체로

- 정확한 시작과 끝을 선호한다.
- 커피브레이크를 미리 정해 둔다.
- 안건을 하나 하나 순서대로 다룬다.
- 정확하고, 구체적이고 명확한 커뮤니케이션에 의존한다.
- 발언 순서대로 말하기를 원한다.
- 지각을 무례하게 본다.

공간지향성

공간지향성도 문화에 따라 다르다. 공간지향성은 영토, 사적 공간과 공공 공간, 적당한 개인 거리, 신체적 접촉에 대한 선호도 등으로 구분된다. 북유럽 국가의 경우에는 개인적 영역이 남유럽 문화권보다 훨씬 크다. 독일인이나 스웨덴인의 경우에는, 예를 들어 이탈리아 또는 그리스인들이 너무 근접하다고 느낀다. 미국인의 경우에는 약 60 센티미터 정도가 적절한 거리라고 여긴다.

지중해, 아랍 그리고 남미 문화권에는 말을 하면서 상대방을 만지는 경우가 많고, 또 허용이 된다. 미국, 캐나다, 아시아권은 친밀한 관계가 아닌 이상 말하면서 만지는 것은 피하는 것이 바람직하다. 또 미국과 같은 문화권에서는 성별이 다른 사람은 만져도 괜찮지만 같은 성별 사이에는 허용이 안 된다. 하지만 일본이나 한국의 경우에는 같은 성별 사이에 손을 잡고 걸어 다녀도 무관하다. 지중해 문화권에서는 남자들끼리 손을 잡거나 신체적 접촉이 있는 것을 흔히 볼 수 있지만 여성들의 경우는 그렇지 않다.

4) 아시아

(1) 중국

1990년대부터 중국 붐이 일어났고, 중국이 새로운 약속의 땅인 것처럼 여겨져서 너도나도 중국으로 눈을 돌리기 시작했다. 실제로 중국에 가서 성공한 회사들이 많았지만 – 예를 들어, 독일 자동차 회사 VW, – 반면 중국에 가서 완전히 실패한 회사도 많았다. 한국 기업뿐만 아니라 다른 나라 기업도 많았는데, 대표적으로 다국적 제약회사인 화이자, GM, 푸조, AT&T 등이 있었다. 중국이 명실공히 세계의 공장(the world's factory)이 된 이 시점에 중국에 대해 더 잘 알아야만 하는데 중국하고 협상할 때 다음과 같은 사항을 유념해야 한다.

① 기본 접근방법

처음에 협상을 시작하면서 '우정'과 '지속적인 관계'라는 단어를 많이 사용한다. 하지만 유의할 점이 있다. 협상의 목적에 있어서 상대방이 실질적으로 어떠한 결론을 내리고 싶어하는지를 파악해야 한다. 때에 따라 위장 협상을 하는 경우가 있다. 예를 들어, 이미 사업을 같이 할 상대를 고른 상태에서 다른 회사와 협상을 하면서 이것을 전략적으로 가격인하를 유도하기 위해 사용하기도 한다. 또 다른 이유는 정보를 얻기 위해 협상을 위장하기도 한다. 하지만 협상의 실직적인 목적인 합의를 보기 위한 경우에는 "경제적 가치"가 상당히 중요한 요소로 작용한다.

② 의전

중국에서는 의전이 거의 종교 수준이다. 중국에서 협상을 하게 되면 홈경기가 되기 때문에 절차, 회의 시간, 장소 그리고 의제까지 중국측에서 결정하게 된다. 협상을 시작하면서 담소를 나눌 때는 상대방의 약점과 신뢰성을 판단하고, 상대방을 파악하는 기회로 삼는다.

중국 연회의 전통은 역사가 깊고, 기회만 있으면 연회를 하려고 한다. 같이 식사하는 것이 좋은 분위기 조성과 우정 쌓기에 최상이라고 생각한다. 회의에서 잘 풀리지 않는 골칫거리를 식사하면서 풀 수 있다고 생각한다. 연회를 즐기면서 술은 아낌 없이 주고 받는데 술을 거절하는 것을 무례하게 여긴다. 또 연회를 진행하면서 건배 제의를 계속 한다. 잔이 비어 있으면 옆 사람이 당연히 채워준다. 잔을 받을 때는 한 손은 잔 밑을 잡고 두 손으로 받는다.

③ 경제와 관계

협상을 하면서 처음부터 상대방과의 관계를 맺도록 노력한다. 서로 알게 되고 신뢰가 구축되면 평생 친구가 되고 모든 문제들이 순식간에 사라진다. 오랜 친구와 비즈니스 하기를 좋아하지만 동시에 목적 달성을 위해서는 몇 주의 협상 끝에 오랜 친구가 되기도 한다.

시장 리더와 사업하기를 선호하고 최고를 고집한다. 최고를 원하지만 그에 적합한 대가를 지불하기를 원하지 않는다. 큰 회사들이 축적한 지식을 나눠줘야 한다고 생각한다. 그 뿐만 아니라 중국인들은 언제나 특별한 할인과 혜택을 받아야 한다고 생각한다.

④ 의사소통

중국어 자체가 상형문자이기 때문에 구체적인 디테일보다는 큰 그림을 보는 경향이 있다.

협상을 하면서 '타협이 없다'라고 하는 경우가 가끔 있다. 말투 자체는 상당히 딱딱하고 융통성이 없는 것처럼 들릴 수 있지만 결국에는 타협을 하게 된다. 그 뿐만 아니라 주장을 하면서 자신들이 맞고 상대방이 틀렸다고 고집스럽게 주장하는 경향이 있다.

중국인은 논의하는 과정에는 상대방의 말을 끝까지 듣는다. 상대방의 말을 경청할 때는

- 방해하지 않는다.
- 부드러운 시선으로 바라본다.
- 관심을 표명하기 위해 고개를 끄덕인다.
- 자세를 똑바로 한다.
- 연사의 실수를 지적하지 않는다.
- 발표가 끝날 때까지 코멘트나 질문을 하지 않는다.
- 웃으면서 경청한다.

⑤ 서면 계약서

물론 다른 나라도 마찬가지이지만 중국이 상대방인 경우 모든 내용을 서면으로 재확인해야 오해의 소지를 최소화 할 수 있다. 때에 따라 고위직이 원칙적인 합의서에 서명하고 실무진들이 상세한 내용을 협의하기를 원하는 경우가 있다. 하지만 계약서를 전체 관계의 일부로 생각하고, 계약서에 서명한 후에도 계속해서 더 유리한 조건을 요구할 경우가 있다.

계약의 융통성: 중국에서는 어떤 계약은 계약서에 있는 그대로 따르지만 또 다른 계약서는 일종의 지침서처럼 여겨지는 경우가 있다. 관계가 튼튼할수록 계약을 있는 그대로 따르는 경우가 많다.

In the West, relationships grow out of deals. In China, deals grow out of relationships.
(서양에서는 거래에서 관계가 생기지만, 중국에서는 관계에서 거래가 이루어진다.)

---

⑥ 인내심은 덕이다

성급하게 생각하면 답답하기만 할 것이다. 인내심을 갖고 협상이 자체적으로 전개되기를 기다려야 한다. 지연이 있어도 참아야 하고 마감 기한에 대해 언급하지 않는 것이 바람직하다.

중국 문명이 수 천년 동안 이어졌기 때문에 중국인들은 시간에 대한 장기적인 안목을 갖고 있다. 하지만 약속 시간을 어기는 것은 무례한 행동으로 여긴다. 중국인들은 회의가 있을 때 5-10분 정도 일찍 도착하기 때문에 늦게 도착하면 좋지 않은 인상을 주게 된다.

⑦ 위계질서

조직의 협상 대표로 고위직을 대동하지 않을 경우 곤란해 질 수 있다. 중국 협상팀의 대표는 고위직이기 때문에 거기에 맞춰서 상대방도 고위직이 나서야 한다. 하지만 누가 과연 최종 결정을 할지는 불분명한 경우가 많기 때문에 우리의 입장을 여러 번 다양한 사람한테 반복할 준비가 되어 있어야 한다. 협상을 하는 동안 대표자인 고위직만이 발언하는 것이 바람직하다. 하위직이 중간에 끼어드는 것은 바람직하지 않게 받아들인다.

(2) 일본

① 기본 접근방법

협상 과정에 있어서 관계의 융화를 유지하는 것을 중요시한다. 그러기 때문에 공개적으로 적대적인 표현이나 태도를 보이지 않는다. 하위직 직원은 상사의 의견을 따르게 된다. 융화가 중요하기 때문에 계획에 없었던 양보, 협박에 굴복하는 것과 같은 행위는 체면의 문제가 되기 때문에 피하게 된다. 직접적으로 또는 공개적으로 입장 표명하고 대안을 제시하는 것 보다는 상대방이 상황에 대해 어떻게 이해를 하고 있는지 추론하기를 선호한다.

② 의전

협상을 개시할 때나 대표자들 간에 만날 때는 회의가 상당히 공식적으로 진행되다가, 본격적으로 협상이 시작되면 한 단계 낮춰진다. 물론 친한 친구들 사이에는 격의 없이 지내게 된다. 외국인이 친해져서 격의 없이 지내기에는 쉽지 않다. 처음 만나게 될 때는 중개자를 통해서 만나는 경우도 있다.

하루의 협상이 끝나면 저녁식사와 여흥을 즐기게 되는데 이때 사업 얘기는 일절 하지 않는다.

③ 제안

인간 관계에 있어서 진실함과 선의가 중요하기 때문에 성공적인 협상을 위해서는 성실한 제안을 해야 한다고 생각한다. 일본인이 제안을 할 때는 그들이 원하는 수준으로 제안하기 때문에 그 이후에 큰 조정은 없다고 생각하면 된다. 즉 적절하고 적당하다고 생각하는 수준으로 제안한다.

④ 의사소통

일본에서 의사소통은 꽤나 복잡하다. 구두로 말하는 것 외에 여러 단계의 의미가 있다. 사용된 단어의 정확한 뜻이 깊은 의미와는 완전히 다를 수 있기 때문이다. 일본어가 복잡하고 미묘한 부분이 있기 때문에 한 음절이나 모음에 조금 더 강조를 하면 뜻이 달라지는 경우도 있으니 특히 주의해야 한다. 일본 문화에서는 말없이 이해되는 부분이 많다고 볼 수 있다. 외국인은 특정 단어의 속 뜻이나 비언어적인 표현, 예를 들어, 침묵 또는 시선을 피하는 것의 의미를 파악하지 못하는 경우가 흔히 있다. 일본에서는 상대방이 나를 이해하도록 내가 설명하기보다는 상대방이 나를 이해할 때까지 기다리는 것이다. 체면과 언어의 습관 때문에 '노'라고 하기를 꺼리기 때문에 진정한 의중을 파악하기 위해서는 질문을 계속 해야 한다.

⑤ 천천히

일본에서 협상을 하면 '빨리빨리' 문화가 받아들여지지 않을 것이다. 오히려 너무 성급하게 생각하면 역효과가 생긴다. 또한 너무 적극적이거나 공격적이면 신뢰를 잃게 되고 관계를 해칠 수 있다. 극한 상황에서는 일본 측이 논의의 끝을 선언하고 협상을 중지하게 될 수도 있다. 하지만 효율성은 상당히 높고 마감기한을 잘 지킨다.

⑥ 장기전

일반적으로 협상을 하면서 앞으로도 계속 관계를 맺어도 괜찮은지를 결정하게 된다. 논의를 시작하면서 협상을 한다기보다는 앞으로 두 조직이 같이 사업을 하거나 협업을 해도 괜찮을지를 결정하는 단계로 보면 된다. 첫 번째 협상에서 서로에게 유리한 관계라는 것을 보여주면 향후 협상 과정은 수월해진다.

⑦ 서면 계약서

계약서는 간단하고 명료한 지침서와 기본원칙을 명시하는 것을 선호한다. 하지만 서면 계약서보다는 'gentlemen's agreement'(신의와 책무에 바탕을 둔 서면 또는 구두 합의서)가 더 강한 효력이 있을 수 있다. 서면 계약서에 서명한 다음에 문제가 생기면 법정에서 해결하는 것보다 상호 합의로 문제를 해결하려고 한다. 법정에서 문제를 해결하는 것을 상당한 수치로 여긴다.

선물에 대한 문화적인 차이...

1) 미국인과 영국인은 꽃을 선물할 때 6송이 또는 12송이 단위로 주고, 돈은 짝수로 준다. 중국에서도 짝수를 선호한다. 독일에서는 홀수를 선호한다.
2) 색상: 중국에서는 빨간색과 금색은 운이 좋은 색상인 반면 흰색과 파란색은 장례식하고 연관된다. 흰 국화는 한국과 일본에서 장례식과 연관 있지만 멕시코에서는 보라색이다.
3) 포장: 한국, 중국, 일본에서는 선물만큼 중요한 것이 바로 포장이다. 그만큼 신경을 썼다는 표시이다. 반면 독일에서는 꽃을 선물할 때 포장 없이 줘야 한다는 미신이 있다. 그리고 만약에 포장을 하게 되더라도 문턱을 넘어서 포장을 가지고 들어가지 말아야 한다고 믿는다.

(3) 인도

세계에서 두 번째로 인구가 많은 나라인 인도는 최근 10년 동안 규제 완화로 인해 급부상하고 있는 최첨단 국가이며 최첨단 분야에 많은 투자를 하고 있다. 영어를 구사하는 인력이 많고 인건비가 선진국에 비해 상대적으로 저렴하기 때문에 많은 기업의 콜센터가 이전했다. 또 컴퓨터 특히 소프트웨어 개발에 앞서가고 있기 때문에 향후에도 지속적으로 발전할 것이라고 많은 전문가들이 예측하고 있다.

① 기본 접근방법

원하는 목적 달성을 위해서는 타협을 할 용의가 있다. 오랫동안 영국의 식민지로 지냈기 때문에 형식을 중요시 한다. 그렇다고 냉정하거나 거리를 둬서도 안 된다. 전체적인 분위기는 겸손하고 조심성 있기 때문에 압력을 가하는 전략이나 자만을 보이면 역효과가 생긴다.

다른 아시아 국가처럼 관계 구축을 상당히 중요시 여긴다. 인도인에게 협상은 문제를 상호간 진실하게 해결하는 방법으로 여겨진다. 그리고 그

해결책은 모든 관계자를 즐겁게 해줘야 한다고 생각한다. 하지만 이상적인 해결책을 찾으려고 하는 경향도 있기 때문에 때에 따라 오직 하나의 해결책만이 옳고 바른 것이라고 생각하기도 한다. 그래서 이를 설득하는 데 많은 시간을 허비할 수도 있다.

뇌물, 연고, 족벌주의 등이 상당히 강하다. 비즈니스를 시작할 때는 누군가의 소개를 통하는 것이 바람직하다.

② 결정

모든 최종 결정은 위에서 하기 때문에 결론에 도달하기까지 과정이 상당히 길 수 있다. 그 뿐만 아니라 실무진은 그들이 할 일만 하는 것에 만족하기 때문에 모든 책임과 결정은 위에서 하기를 원한다.

가족이 소유하고 운영하는 사업이 많기 때문에 중요한 결정을 내릴 때 가족의 일원과 협상해야 할 경우가 있다. 하지만 최종결정은 거의 가장이 한다고 생각하면 된다. 인도에서는 카스트 제도와 사회 계층을 고려해서 협상을 할 때 고위직을 보내는 것이 바람직하다.

③ 의전

인도인들은 인내심이 많고 이해하는 마음이 넓다고 한다. 그들의 전통과 관습에 대해 잘 모르는 사람에 대해 관대하지만 인도의 생활방식에 적응하려고 하는 노력을 보여주면 상당히 반가워 한다. 협상은 대체로 공식적인 틀을 따르지만 분위기는 우호적이고 여유가 있는 편이다.

영국식으로 호칭을 상당히 중요하게 생각한다. 그러기 때문에 Mr. + 성 또는 Mr. Chairman이라고 호칭하는 것이 바람직하다.

인도인들은 항상 예의 바르기 때문에 상대방도 그러기를 바란다. 하지만 한편으로는 인도인들이 상당히 예민하고 사소한 일에도 쉽게 무시당했다고 느끼기도 한다. 인도에 대해 잘 모르면 인도를 무시한다고 생각할 수 있다.

④ 제안

협상을 하기 전에 상대방과 관계를 맺는 것을 중요하게 생각한다. 이 기간이 생각보다 길 수도 있다. 실질적인 협상 과정을 시작도 하기 전에 관계 형성에 많은 시간을 투자할 마음 준비가 되어 있어야 한다.

협상을 하면서 또 구체적인 문제에 대해 논의할 준비가 되어 있어야 한다. 예를 들어, 가격, A/S, 지불유예기간, 인건비 등이다.

인도인은 한국 협상가한테 뿐만 아니라 다른 선진국과 협상하면서도 '가난'에 대해 한 번쯤 언급할 것이다. 시가보다 비싼 가격을 제시하면서 인도는 가난한 나라이기 때문에 조금 더 비싼 가격을 받아야 한다고 한다. 하지만 인건비가 저렴하다는 것 외에는 보호무역주의 정책, 과다한 규정, 부실한 인프라로 인해 오히려 비용이 많이 드는 경우가 있다.

⑤ 언어

인도에서는 공식언어만 18개가 있지만 방언은 약 200개나 된다고 한다. 171년 동안 영국의 식민지로 지냈던 나라이기에 비즈니스와 관료들의 언어는 영어이다. 하지만 영어를 쓰기 때문에 미국식 영어 또는 영국식 영어라고 생각하면 오해가 생길 수 있다. 학교에서 배우는 영어는 영국식이긴 하지만 인도인이 영어를 하는 것을 들으면 제일 쉽게는 발음부터 사뭇 다르다는 것을 느낄 것이다. 아래 표에서는 미국과 인도에서 다르게 쓰이는 단어들이다.

표) 미국식 영어와 인도 영어에서 다르게 쓰이는 단어

American English	Indian English
apartment	flat
bathroom	toilet, bathroom
cookie	biscuit
diaper	nappy
elevator	lift

eraser	rubber
flashlight	torch
gas	petrol
hood (car)	bonnet
mail	post
parking lot	car park
period	full stop
reprimand	fire
sidewalk	footpath / pavement
speed bump/road bump	speed breaker
sweater	jumper
trash can	dustbin
soda / pop / soda pop	cold drink
Trunk	dickey, car boot
windshield	windscreen
french fries	finger chips
crosswalk	zebra crossing

또 이런 단순한 단어 차이 외에 영어를 사용해 협상한다는 점 때문에 서로 이해한다고 생각하는 오해의 소지도 존재한다. 그래서 오히려 중개자 또는 현지 대표를 통해서 이런 오해의 소지를 줄이는 것이 바람직하다. 중개자는 언어 문제뿐만 아니라 복잡한 관료적인 절차에도 많은 도움을 줄 수 있다.

⑥ 채식주의자

대부분의 인도인은 채식주의자이다. 그뿐만 아니라 식사 초대를 하게 되면 가족이나 친구를 대동하기도 하는데, 이를 대비하기 위해 뷔페식으로 하면 원하는 음식을 먹을 수 있고 자리도 융통성 있기 때문에 문제 해결이 쉽다. 힌두교(인구의 80%)는 쇠고기를 먹지 않고 회교도(인구의 12%)는 돼지고기를 먹지 않는다.

만약에 인도인의 집으로 초대 되면 처음 음식이나 음료수를 권할 때 정중하게 거절하는 것이 예의에 맞는다. 즉시 받아들이면 욕심이 많은 것으로 보이고 교육을 제대로 받지 않았다고 생각한다.

5) 중동/아랍 국가

지리적으로 문화적으로 멀리 느껴지는 지역이지만 석유 또는 건설부문 때문에 우리에게 전통적으로 중요한 지역이다. 대부분의 중동국가는 회교 국가이며 전세계적으로는 80여 개 국가가 회교국가이다. 예를 들어 인도네시아가 주요 회교국가이지만 쉽게 떠오르지는 않는다. 걸프 아랍 국가들이 핵심을 구성한다고 볼 수 있는데 그 중에 사우디 아라비아가 종주국이고 UAE, 오만, 쿠웨이트, 카타르 그리고 바레인이 있다.

걸프 아랍 국가를 연결하는 공통점은 바로 종교이다. 그 중에 사우디 아라비아에는 종교경찰이 있을 만큼 종교의 모든 교리를 철저하게 지킨다. 사우디 아라비아에는 다른 종교를 믿을 수 없고, 술이 금지되고, 여성은 운전을 하지 못하게 되어 있다. 하지만 여성 운전 금지 규정은 조만간 폐지 된다는 말이 있다. 외국 여성의 경우에는 사우디 아라비아를 방문하게 되면 전통문화를 따라야 한다. '아바야'라고 하는 검은 외투를 입어야 하는데 머리와 얼굴까지는 가릴 필요 없지만 목부터 발목까지 모두 가려야 하고 외출할 때는 꼭 남성과 동반외출해야 한다.

요즘 국제도시로 각광 받고 있는 두바이에는 이러한 규정이 철저하게 지켜지지는 않기 때문에 외국인이 지내기에는 전혀 불편함이 없다. 이와 같이 중동 회교 국가라고 해도 나라별로 약간의 문화적인 차이가 있다는 것을 알아두면 유용하다 .

① 의사소통

걸프 아랍 국가에서는 상대방이 영어를 능통하게 하는 경우가 많다. 부유층인 경우에는 영국 또는 미국으로 유학을 가기 때문에 완벽한 영어를 구사하기도 한다. 대화를 하면서 딱 부러지게 'no'라고 하기를 꺼려한다.

불쾌한 말은 돌려서 해야 한다고 생각한다. 그 뿐만 아니라 'yes'라고 해도 꼭 'yes'라는 뜻이 아닐 수도 있다. 여러 번 강력하게 'yes'라고 해야만 진정한 'yes'의 의미가 되기도 한다.

아랍인은 말을 하면서 풍부한 감정을 표현한다. 말을 할 때나 글을 쓸 때 복잡한 미사여구를 반복하면서 과장된 약속이나 때에 따라 황당한 위협을 하기도 한다. 아랍인의 경우에는 할 말이 있으면 여러 번 해야 한다고 생각한다.

같은 성끼리는 신체적으로 상당히 가까운 거리를 유지한다. 만약에 너무 가깝게 느껴져서 거리를 두게 되면 상대방이 친밀하지 않게 느낄 수 있다. 하지만 남자와 여자는 상당한 거리를 두게 된다. 표현을 많이 하는 문화이기 때문에 신체적 접촉도 많지만 친해지기 전에는 그렇지 않다.

대화를 하면서 상대방을 쳐다보는 것이 바람직하다. 만약에 시선을 상대방의 눈에 두지 않으면 관심이 없거나 또는 존경하지 않는다는 뜻으로 이해할 수 있기 때문에 조심해야 한다. 하지만 여성이 길거리에 걸어다니다가 직접적인 시선을 주면 아랍 남성은 오해할 위험이 있다.

제스쳐 중에 우리가 최고, 일등이라는 뜻으로 엄지를 세우는 동작은 아랍 국가에서는 오히려 저속한 뜻을 갖는다. 그 외에 왼손은 더럽다고 여겨지기 때문에 명함이나 물건을 건넬 때는 꼭 오른손을 사용해야 한다. 또는 앉을 때는 신발 바닥은 지저분하니 보이면 안 된다.

② 시간

사람과의 관계를 시간보다 더 중요하게 여긴다. 약속을 했는데 제시간에 나타나지 않더라도 무례하다고 생각하면 안 된다. 회의 중에 전화, 서류 결재, 친구와 친척의 방문 때문에 방해 받는 일도 흔하다.

마감일이나 특정 날짜에 맞춰서 일이 완료돼야 한다고 하면 맞추기가 어려울 수 있다. 며칠, 몇 주의 여유를 두고 일을 하는 것이 마음 편할 것이다. 아랍국가와 일을 할 때는 인내심이 꼭 필요한 미덕이다.

③ 접촉

아랍국가에서 일을 할 때는 현지 대리인(local agent)을 통해서 하는 것이 바람직하다. 어떤 현지 대리인을 선정하느냐가 협상의 주요 관건이라고 해도 과언이 아니다. Agent가 성공을 좌우하기 때문에 추천을 받아서 적합한 사람을 선정해야 한다.

④ 가족과 인간관계

아랍국가에서는 인간관계가 제일 중요하다고 볼 수 있다. 아랍인한테는 가족이 전부라고 해도 과언이 아니다. 개인보다 가족이 항상 우선이고 어떤 경우에도 가족을 보호해야 한다고 생각한다.

⑤ 의전

라마단 기간에는 낮에는 금식하고 밤에는 포식하기 때문에 이때 아랍국가를 방문하게 되면 사람들이 상당히 신경질적이고 모든 일이 느리게 처리되기 때문에 피하는 것이 바람직하다. 다른 때도 회의가 늦게 시작되거나 오래 걸리기 때문에 하루에 회의를 하나만 잡는 것이 바람직하다.

남성은 당연히 양복을 입어야 하며 시계, 펜, 서류가방 등은 최고급으로 치장을 하면 상대방한테 좋은 인상을 줄 수 있다.

처음 만날 때는 부드러운 악수와 강렬한 시선이 있을 것이다. 차 또는 커피를 접대하게 되는데 이때 거절하면 무례하다고 생각한다. 때에 따라 회의가 끝났다고 표시하기 위해 커피가 나올 수 있다. 또는 향을 피는 경우도 있다.

저녁식사를 할 때는 많이 먹으라고 할 것이고 어느 정도는 먹어줘야 한다. 더 이상 먹지 못하겠다고 생각이 들면 적어도 강력하게 세 번 거절해야 한다. 이와 마찬가지로 아랍인한테 뭔가를 권했을 때 싫다고 해도 적어도 세 번은 권해야 한다.

⑥ 협상 할 때

사우디 아라비아의 협상가는 상대방이 가격, 조건 등에 대해 상당히 많은 것을 양보하기를 기대한다. 처음 제안에 비해 얼마나 많이 양보 했는가에 따라 협상의 성공여부를 판단하는 경우도 있다. 따라서 처음 제안할 때 많은 것을 양보해야 할 것을 예상하고 제안하는 것이 바람직하고 협상 자체는 상당히 오랜 시간이 걸릴 것을 준비해야 한다. 하지만 너무 손쉽게 양보해도 안 된다. 양보할 때마다 상당히 어렵게 마지못해 양보해야 하고 조건부로 양보해야 한다. 양보한 것에 걸맞은 대가를 요구해야 한다.

협상 자체는 여유 있게 한다. 빠른 결정을 기대하면 안 된다. 모든 결정에 시간이 걸리기 때문에 조급하게 생각하면 안 된다. 결정 내린 다음은 서면계약으로 마무리 한다.

점심시간은 불변?

국제회의를 하면서 식사 시간이 문화마다 다르다는 것을 알게 된다. 한국사람들은 12시에 점심을 먹지 않으면 큰일 난다고 생각하지만 스페인 사람들은 점심을 2시에 먹고 저녁은 9시에서 10시 사이에 먹는다. 폴란드에서는 경우에 따라 점심을 먹지 않고 4-5시까지 일을 하기도 한다. 북유럽인들은 12시 또는 11시 30분에 점심을 먹고 4시에 퇴근한다.

GLOBAL NEGOTIATIONS

제3부 협상 시나리오별 표현

1. 시작
2. 의사 진행
3. 질의/응답

3부 협상 시나리오별 표현

협상은 협상 상대방이 테이블을 사이에 두고 대립하는 상황으로 지금까지 살펴본 바처럼 여러 가지 전략을 필요로 한다. 하지만 전쟁이나 말싸움의 상황이 아니기 때문에 협상과정은 최대한 부드럽게 진행하는 것이 필수적이고, 일반적으로 통용되는 절차를 존중하는 것이 요구된다. 그러므로 협상이 진행되는 각 과정별 시나리오에 따라 적절한 표현을 사용하면 진행과정이 훨씬 부드럽고 순탄해질 것이다.

1 시작

회의를 개최하는 장소에 따라 주최(host) 또는 손님(guest)이 된다. 물론 협상장소에 따라 입장이 달라지는 것은 아니지만, 스포츠 경기에서도 홈경기의 이점이 있듯이 아무래도 장소의 영향을 받게 되고, 주최측인지 손님인지 역할이 정해지게 된다.

1) 환영사(Welcoming) - 주최 입장에서 상대방을 환영 할 때

• **Thank you for coming**.
(와주셔서 감사합니다.) 〈격의 없는 일상적 표현〉

• **Welcome to** our company.
(우리 회사에 오신 것을 환영합니다.) 〈일반적인 평범한 표현〉

• **We would like to welcome you to** Seoul.
(서울에 오신 것을 환영합니다.)

• **It's my pleasure to welcome you to** our company.
(우리 회사에 오신 것을 환영하게 되어 매우 기쁩니다.)
〈약간 격식 있는 표현〉

• **On behalf of** the president of our company, I would like to welcome you to our company.
(우리 사장님을 대표하여, 우리 회사에 오신 것을 환영합니다.)
〈상당히 격식 있는 표현〉

• **First of all let me thank you for your time.**
(우선 시간을 내주셔서 감사합니다.)

• We are glad that you could come and hope that you enjoy your stay here. We will do our best to make you feel at home, if there is anything you need, please let us know.
(방문해 주셔서 기쁩니다. 여기 계시는 동안 즐거운 시간이 되시기를 바랍니다. 편하게 계실 수 있도록 노력하겠습니다. 혹시 필요하신 것이 있으면 언제든지 말씀해주시기 바랍니다.)

-환영 인사에 대한 답변-

• **Thank you for inviting us to** your company.
(회사에 초청해주셔서 감사합니다.)

- **We wish to thank you for inviting us to** your beautiful city.
  (이렇게 아름다운 도시에 초청해주셔서 감사합니다.) 〈더 격식 있는 표현〉
- We are looking forward to getting to know you and exploring the opportunities for a profitable business relationship.
  (앞으로 귀사에 대해 알게 되고 유익한 비즈니스 관계의 기회를 모색하기를 바랍니다.)

2) 여담(Small talk)

모이자마자 회의를 시작하는 경우는 드물고 대부분의 경우, 우선 약간의 여담이 있기 마련이다.

A: Did you have a pleasant flight?
(편안한 여행을 하셨습니까?)

B: Yes, thank you. Luckily there was a direct flight so we just slept on the plane.
(네, 감사합니다. 다행히 직항이 있어서 비행기에서 잠을 잘 수 있었습니다.)

A: Did you have a good night's sleep?
(어젯밤에 잘 주무셨나요?)

B: I woke up about two times, but I was able to go back to sleep right away.
(두어 번 깼지만 금방 다시 잠이 들었기 때문에 괜찮았어요.)

A: Did you enjoy last night's dinner?
(어제 저녁 식사는 즐거우셨나요?)

B: Yes, very much. I always enjoy Korean food because it's so healthful.
(네, 아주 좋았어요. 한국 음식은 건강식이라서 늘 즐겨요.)

A: I heard that you had dinner with our President last night.
(어젯밤에 우리 사장님하고 저녁 식사를 하셨다고 들었는데요.)

B: Yes, it was a wonderful dinner.
(네, 멋진 저녁식사였습니다.)

A: Is this your first visit to Korea?
(한국은 처음이십니까?)

B: Actually, I've been here about three times, but I never had time to visit Seoul and the rest of the country. I hope that this time we'll finish early, and I'll have a little time to visit the city!
(실은 제가 약 세 번 정도 왔지만 서울과 한국을 볼 시간은 없었습니다. 이번에는 우리가 빨리 끝내고 서울을 좀 구경할 수 있기를 바랍니다!)

A: You have come during one of our more beautiful seasons. I hope you'll have the time to enjoy some of the beautiful weather.
(지금은 한국의 아름다운 계절이에요. 한국의 아름다운 날씨를 즐길 시간을 가지실 수 있기 바랍니다.)

B: Your office is beautifully situated and you can see the leaves turning color. You're very lucky!
(이 회사의 위치가 너무 좋기 때문에 낙엽도 볼 수 있네요. 상당히 운이 좋으시네요!)

A: It's good to see you again! How have you been?
(다시 만나서 반갑습니다. 그 동안 어떻게 지냈어요?)

B: Great! I was promoted and transferred to our Los Angeles office.
(잘 지내고 있어요. 승진하고 로스앤젤레스 지점으로 전근했어요.)

* Small talk

여담을 즐기는 사람은 그다지 많지 않지만 잘하면 하나의 예술처럼 보일 수도 있다. 미국 사람들은 특히 파티장이나 리셉션에서 잘 모르는 사람하고도 별다른 주저 없이 대화를 잘 한다. 잘 모르는 미국 사람하고 스포츠에 대해 얘기하게 되면 상대방이 상당히 흥분하면서 맞장구 치는 경우가 많다. 겨울에는 미식축구와 프로농구, 여름에는 야구를 열심히 보기 때문에 적절한 대화거리가 된다. 하지만 종교와 정치에 관한 주제는 가능한 한 피하는 것이 좋다.

미국인들이라고 해서 모두 small talk을 다 잘하는 것은 아니다. 다음은 small talk을 잘 하는 몇 가지 방법이다.

1) 미리 준비 한다. 누구를 만나러 가면서 처음 만나는 것이면 그 사람에 대해 연구를 미리 하고 만약에 만난 적이 있으면 그 사람이 좋아했던 스포츠, 취미 등에 대해 다시 생각한다. 예를 들어, 야구를 좋아하면 최근에 있었던 야구 뉴스를 연구한 다음에 만나면 그 뉴스에 대한 의견을 물으면 대화가 부드럽게 진행된다.
2) 대화는 주고 받는 것이다. 상대방이 질문을 할 때 짧은 대답보다 조금 길게 한다. 예를 들어, 미국인은 직업에 대해 질문을 자주 한다 "What do you do?"라고 물으면 "I work for XYZ company."로 끝내지 말고 거기서 하는 일에 대해 조금 더 설명한다. 상대방이 그런 분야에 경험이 있거나 아는 사람이면 다른 대화거리가 생기게 되고, 대화를 이어갈 수 있다.
3) 상대방에 대해 말을 할 기회를 준다. 대부분의 사람들은 자신에 대해 말을 하기를 좋아한다. 열심히 경청만 해주더라도 대화가 되는 경우가 있다. 예를 들어, 특정 예술가가 좋다고 하면 왜 좋아하냐고 물으면 답변을 길게 할 가능성이 높다.
4) 할 말이 없을 때는 그 상황에 대해 말을 한다. 예를 들어, 음식, 음악, 장식에 대해 말을 해서 상대방이 답변을 하면 대화할 의향이 있다는 표시다. 또는 공통점을 찾는 것도 한 방법인데 주최측하고 어떤 관계인지 묻는 것도 좋다.
5) 소개를 제대로 한다. 대화를 하다가 다른 사람이 나타나면 한국 사람은 소개를 잘 안 한다. 외국에서는 소개하는 것이 예의이다. 예를 들어, "Peter, this is Matthew. Matthew was just posted to Hong Kong and is in charge of public relations."

2 의사 진행

1) 본론

* 시작하기 전에

I hope that I don't say or do anything that you will find confusing or offensive. Could you stop me and tell me if I say or do something that you don't understand or might cause offense?
(제가 말씀 드리는 것 중에 혼란스럽거나 불쾌한 것이 없기를 바랍니다. 혹시 이해가 잘 안 되시거나 불쾌한 것이 있으면 그 때 즉시 말씀해주시기 바랍니다.)

(1) 시작 안내 발언과 인사

- If you don't mind, let's get started.
  (괜찮으시면 시작하겠습니다.)
- Are we ready **to get down to business**?
  (시작해도 괜찮으시겠습니까?)
- **May I begin by saying that** we have a lot to discuss today.
  (우선, 할 일이 많다는 것을 말씀 드리면서 시작하겠습니다.)
- **First of all let me** thank you for your time.
  (우선 이렇게 시간을 내주셔서 감사합니다.)
- Thank you for **taking time out of your busy schedule** to be here today.
  (바쁘신 데도 불구하고 오늘 와주셔서 감사합니다.)

〈격식을 갖추기 좋아하는 우리 한국 사람들이 특히 좋아하는 표현〉

- **I wondered if** I could start by mentioning/saying that our previous meeting was extremely constructive and we hope that this meeting will allow us to make even further progress.
  (우리의 전 회의는 상당히 건설적이었고 이번 회의에는 더욱 더 많은 진전이 있기를 바란다는 말씀으로 시작을 해도 될까요?)
  〈상당히 정중한 표현〉

(2) 의제에 대한 발언

공식적인 국제회의는 당연히 의제가 있고, 소규모의 회의에도 의제가 있는 경우가 많다. 의제는 어떤 특정한 하나의 사안일 수도 있고, 복합적이기도 하다. 공식적으로 agenda라고 하거나 아니면 명사 procedure, 혹은 to proceed 동사를 사용할 수 있다.

- I would now like to begin by suggesting the following procedure/agenda.
  (우선 시작하기 전에 다음과 같은 절차/의제를 제안하는 바입니다.)
- To start with, I think we should establish the overall procedure.
  (우선, 전체적인 진행 방법에 대해 합의가 있어야 한다고 생각합니다.)
- As our first order of business, can we agree on a procedure?
  (첫 번째 의제로는 진행 방법에 대해 합의가 있어야 할 것 같습니다.)
- We've got a busy agenda ahead of us, so why don't we start?
  (처리할 의제가 많으니까 시작하죠?)
- We've come up with an agenda.
  (의제를 작성했습니다.)
- We've **drawn up** an agenda.
  (의제를 잡아보았습니다.)
- We've **agreed upon** this agenda.
  (의제에 합의를 보았습니다.)

- Before we go on, could we **agree on procedure**?
  (시작하기 전에 절차에 대해 합의를 하면 어떨까요?)
- We should perhaps discuss the best way to proceed.
  (진행 방법에 대해 먼저 논의하는 것이 좋을 거라고 생각합니다.)
- There are four **items on today's agenda**.
  (의제가 4개 있습니다.)
- **As we see it, the main objective of our meeting is to** decide where we are going to set up production.
  (우리 입장에서는 이 회의의 주목적은 생산기지를 어디에 세울 것인지를 결정하는 것이다.)
- **We're looking to accomplish/achieve** an understanding of our positions.
  (서로의 입장에 대해 이해가 있기를 바랍니다.)
- **We'd like to go over** the budget **first, and then** inspection **last**.
  (우선 예산문제를 먼저 검토한 다음 검사문제를 마지막으로 다루는 것을 제안합니다.)

---

* Agenda

전체 의제를 agenda라 하고 세부 의제는 item on the agenda라고 한다. 또는 number X on the agenda라고 할 수 있다.

예) Can we move on to the next item on the agenda? (O)
Are we ready to move on to number three on the agenda? (O)
Can we move on to the next agenda? (X)

---

(3) 모두발언

- We are here to solve an important problem.
  (중요한 문제를 해결하기 위해 이렇게 모였습니다.)

- I'm sure you understand that we would like to reach a conclusion as soon as possible.
(최대한 빠른 시일 내에 결론을 내리고 싶다는 것을 잘 이해하리라 믿습니다.)
- I feel sure that you share our desire to find a solution/compromise to this problem.
(우리와 마찬가지로 이 문제에 대한 해결책/타협안을 찾고 싶어하는 줄 압니다.)
- **First of all let me** just say that this is an important issue for all of us.
(우선 이 문제는 우리 모두에게 중요한 문제라는 말씀을 드리고 싶습니다.)
- **We are here to solve an important problem.**
(중요한 문제를 해결하기 위해 왔습니다.)
- **I'm sure you understand that we would like to** make some progress on this matter.
(이 문제에 관해 진전이 있기를 바란다는 점을 이해 하시리라고 믿습니다.)
- **I feel sure that you share our desire to find a solution/compromise to this problem.**
(이 문제에 관해서 해결책/타협안을 찾으려고 하는 우리의 입장을 공유하리라 믿습니다.)
- **I'd just like to discuss the details of our offer.**
(우리 제안에 대해 구체적으로 논의 했으면 합니다.)
- **I wondered if you could tell us more about** the new product line.
(새로운 제품 라인에 대해 더 설명 해주실 수 있습니까?)
- **If I understand your position correctly** you would like to change the model every two years.
(제가 제대로 이해를 했다면 모델을 2년마다 바꾸시고 싶으신 거죠?)

- **As we see it, this is the position at the moment.**
  (우리가 이해하기로는 지금 현 상황은 이렇습니다.)
- **Could you tell us** how you would be able to control spiraling labor costs?
  (기하급수적으로 증가하고 있는 인건비를 어떻게 조절할 수 있을지 말씀해주시겠어요?)
- **How do you see our objective?**
  (우리의 목적에 대해 어떻게 생각하십니까?)
- **And then there is also the question of** bonuses.
  (그리고 보너스 문제도 있습니다.)
- **I must put you in the picture about** inflation and other macroeconomic difficulties our country is facing right now.
  (우리 나라가 지금 직면하고 있는 인플레이션과 또 다른 거시경제적 어려움에 대해 말씀 드려야 할 것 같습니다.)
- **I am very keen to find a solution but I have already made an important concession.**
  (해결책을 꼭 찾고 싶지만 이미 너무나 중요한 양보를 했습니다.)
- **I'm sure we can reach an agreement.**
  (우리가 합의를 할 수 있을 거라고 믿습니다.)
- **I'm sure we can reach an agreement that is satisfactory to both sides.**
  (양측이 만족할 수 있는 합의점을 찾을 수 있을 거라고 믿습니다.)

모두 발언의 차이

대부분의 경우 미국인은 모두 발언을 통해, 앞으로 나갈 방향 그리고 달성할 목표에 대해 말을 하는 반면 한국 사람은 그 동안의 과정을 먼저 상세하게 설명한다. 이러한 차이 때문에 한국 문화를 잘 이해 못하는 사람은 한국 사람이 시간 끌기 작전이나 다른 전략을 사용한다고 오해할 수 있다.

(4) 진행

- Ms. Monroe **will give a presentation on** the timeline.
  (먼로 씨께서 우리 시간표에 대한 발표를 해주시겠습니다.)
- Mr. Rockefeller **will give a brief outline of** our past experience in such projects.
  (록펠러 씨께서 이러한 프로젝트에 대한 우리의 경험을 간략하게 설명해 주시겠습니다.)
- Mr. Crockett **is going to take notes/the minutes**.
  (크로켓 씨가 회의록을 작성할 것입니다.)
- Mr. Mason **would like to say a few words about** new developments in the industry.
  (메이슨 씨가 최근 업계 동향 대해 설명해주시겠습니다.)
- **Please feel free to interrupt at any time**.
  (언제든지 중단하셔도 됩니다.)
- **Please do not hesitate to ask questions**.
  (언제든지 질문하세요./주저하지 마세요.)
- **If anything is unclear, please ask me**.
  (무엇이든지 확실하지 않으면 언제든지 말씀하세요.)
- **Do we agree to discuss** the budget **first**?
  (우선 예산에 대해 논의하는 것에 동의하십니까?)
- If we understand you correctly, **you're interested in** references from our other clients.
  (우리가 제대로 이해했다면, 우리의 다른 고객들의 평가에 관심을 갖고 계신거죠?)
- If we understand you correctly, **you'd like to** speak to our technology expert first.
  (다시 말해서, 우리의 기술전문가하고 먼저 만났으면 하시는 거죠?)

• We've been talking for two hours and I think we've reached a critical moment. How about we order sandwiches and continue working through lunch?
(두 시간 동안 계속 논의했는데 지금이 중요한 순간이라고 생각합니다. 샌드위치를 주문해 점심을 먹으면서 계속하면 어떨까요?)

참고로, 우리나라 사람들은 간단히 샌드위치로 식사하는 것을 그다지 좋아하지 않지만 미국 사람의 경우에는 시간 절약을 위해 식사하면서 일하는 것을 좋아한다. 유럽 사람들은 대체로 먹는 것을 더 중요시하기 때문에 좋아하는 편은 아니다.

① 다음 의제로 넘어갈 때

• **Could we now move on to the next subject, which is** the budget.
(다음 의제로 넘어가도 될까요? 다음 의제는 예산문제입니다.)
• **Let's go on to the next subject, shall we?**
(다음 의제로 넘어갈까요?)
• **The next item on the agenda is** the budget.
(다음 의제는 예산입니다.)

② 주제에서 벗어났을 때

• **May we leave that till later and first look at** production issues?
(그 문제는 나중에 논의하고 우선 생산과 관련된 문제를 논의할까요?)
• **Can we deal with** labor costs **first**?
(임금문제를 먼저 논의해도 될까요?)

* Mr., Miss, Ms. & Mrs.

남자인 경우에는 간단하게 Mr.라고 하면 정중한 표현이다. 주의해야 할 것은 last name 또는 family name하고 사용해야 한다는 것이다. 이름이 John Smith이면 John은 first name이고 Smith가 family name 또는 last name이기 때문에 Mr. Smith라고 해야 한다.

여자인 경우에는 조금 더 복잡하다. 그 전에는 결혼한 경우에는 Mrs.이고 결혼하지 않았으면 Miss였지만 6-70년대에 여성운동의 힘으로 여자들만 혼인 여부를 안다는 것은 차별이라고 하면서 여성한테 Ms.이라고 붙이기 시작했다. 역시 성(last name)과 같이 쓴 것이다. 조금 혼란스러운 것은 서양에서는 결혼한 다음엔 남편의 성을 갖게 되지만 결혼 전의 성(maiden name)을 유지하는 경우가 점점 많아지고 있고 아니면 남편 성으로 바꿨다가 이혼하면 다시 원래 성으로 돌아가는 경우도 있다. 또 어떤 경우에는 "hyphenated last name"을 쓰는 경우도 있다. 즉, 결혼 전의 성과 남편의 성 사이에 하이픈을 쓰는 경우이다. 최근에 있었던 예는 미국 전 대통령의 부인인 Hillary Clinton은 한 동안 영부인으로 있을 때 Hillary Rodham-Clinton이라고 불러주기를 원했지만 이제는 그냥 Hillary Clinton이라고만 쓰고 있다.

존댓말

영어에는 존댓말이 없다는 것은 누구나 다 아는 사실이다. 그리고 특히 미국인들이 영어를 할 때 상당히 격의 없이 말을 하기 때문에 자칫 아무 생각 없이 따라하다 실수를 하기 쉽다. 존댓말은 없지만 같은 표현이더라도 정중한 표현이 있기 때문이다. 예를 들어,

- I want you to repeat your position. [요구처럼 들릴 수 있다.]

→ I <u>would like</u> you to repeat your position. [조금 더 부드럽다.]

또 should, could, might를 사용하면 경찰이나 선생처럼 들릴 수 있다. 그 외에 I think, maybe 또는 perhaps를 사용하면 더 부드럽게 느껴진다.

- It's time to move on to the next item on the agenda.

→ I think it's time to move on to the next item on the agenda.

- I'll contact the supplier.

→ Perhaps I could contact the supplier.

또 다른 방법은 제안을 하면서 질문의 형식으로 제안하는 것이다. 허락을 받기 위해서가 아니고 상대방이 이견 있으면 말할 수 있는 기회를 주는 것이다.

- So, are we ready to move on to item number three?
- So, if there aren't any further comments, can we move on to the next point?

2) 제안

- I would like to explore a number of options with you.
(여러 개의 옵션을 같이 생각해보려고 합니다.)
- I think there are a number of possibilities.
(여러 가능성이 있습니다.)
- I hope we can find some common ground.
(우리 공통의 입장을 확인할 수 있길 바랍니다.)

(1) 이전 회의를 언급할 때

- **At our last meeting, we discussed** the timeline.
(지난 회의에는 스케줄을 논의했습니다.)
- **Perhaps you will recall that during our last discussion, we decided** that we would discuss the budget first.
(기억하시겠지만 지난 번에 우리가 예산문제를 먼저 거론하기로 결정했었습니다.)

(2) 제안에 대해 구체적으로 설명할 때

- **Our proposal involves** providing for any unexpected occurrences.
  (우리의 제안은 예기치 못한 사건들까지 미리 예방하는 것을 포함합니다.)
- **It covers** the medical costs as well.
  (의료비까지 포함합니다.)
- **It includes** seasonal fluctuations.
  (계절적 변동까지 포함합니다.)
- **It leaves out** development of new markets.
  (신시장 개발은 제외한 것입니다.)

① 본인의 의견을 제시할 때

- **I feel that** we have to consider all the bids.
  (모든 제안서를 고려해야 한다고 생각합니다.)
- **From my point of view**, we have already made sufficient concessions.
  (제가 생각하기에는 우리가 이미 충분한 양보를 한 것 같습니다.)
- **For our part, we are willing to** meet again next month at our head office.
  (우리로서는 다음 달에 우리 본사에서 만날 용의가 있습니다.)
- **We consider that** our business in Asia is vital to our company.
  (우리 회사로서는 아시아에 우리 회사의 사활이 걸려 있다고 생각합니다.)
- **Personally, I can offer the following conditions**.
  (제가 다음과 같은 조건을 제시할 수 있습니다.)
- **I would not like you to think that** I am being unaccommodating. These are the standards we set for all our suppliers.
  (제가 까다롭게 하기 위해서 이렇게 말씀 드리는 것이 아닙니다. 이러한 기준은 모든 공급자가 충족해야 합니다.)

- **We've had a lot of trouble with** this supplier and so we would prefer a different supplier.
  (이 공급자하고 문제가 있었기 때문에 다른 공급자로 바꿨으면 합니다.)
- **I'm quite ready to look at this from a different angle.**
  (다른 각도로 볼 용의가 있습니다.)
- **I think you will have to make a concession on this.**
  (이 문제에 대해 양보를 하셔야 할 것 같습니다.)
- **All in all,** I think we've had a very productive meeting.
  (전체적으로 이번 회의가 상당히 생산적인 회의였습니다.)
- **At first sight,** it may appear as if our proposal is less competitive.
  (언뜻 보기에는 우리의 제안이 경쟁력이 떨어지는 것처럼 보일 수도 있습니다.)
- **On the contrary,** when you start talking about larger volumes, the prices plummet.
  (반대로 양이 많아지면, 가격이 급락합니다.)
- **Unfortunately not.**
  (유감스럽게도 아닙니다.)
- **If we agreed to** maintain this year's prices for the first half of next year, **would that help?**
  (우리가 내년 상반기까지는 올해 가격을 그대로 유지한다면 도움이 되겠습니까?)

② 동의

- **I agree with you on that point.**
  (그 점에 대해 동의합니다.)
- **That's a fair suggestion.**
  (일리가 있는 제안입니다.)

- **So what you're saying is that you would prefer to** have an exclusive contract?
  (그렇다면 독점계약을 선호하신다는 말씀이신가요?)
- **In other words, you feel that** you should have exclusive rights for five years?
  (다시 말해, 5년간 독점권을 원하신다는 말씀이시죠?)
- **You have a strong point there.**
  (일리가 있는 말씀이시네요.)
- **I think we can both agree that** these are very competitive prices.
  (상당히 경쟁력 있는 가격이라는 것을 우리 모두가 동의할 수 있다고 생각합니다.)
- **I don't see any problem with/harm in that.**
  (그건 전혀 문제가 없습니다.)

* 최종 합의

- **We are happy to accept this agreement.**
  (이 합의서를 수용하게 되어 기쁩니다.)
- **This agreement is acceptable to us.**
  (이 합의서를 수용합니다.)
- **I believe we have an agreement.**
  (합의를 한 것 같습니다.)

i) 내용을 확인하려고 할 때

- **Does that fit in with** your objectives?
  (목적에 부합하나요?)
- **Is that compatible with** what you would like to see?
  (당신이 원하는 바와 일치합니까?)

- Is there anything you'd like to change?
  (바꾸고 싶은 부분이 있습니까?)
- **Is this okay with you?**
  (이것이 괜찮습니까?)
- **Could you clarify one point for me?**
  (한 가지 확인해주시겠어요?)
- **I'm not sure I fully understand your point.**
  (말씀하신 내용을 충분히 이해했는지 모르겠습니다.)
- **What exactly do you mean by** other options?
  (다른 대안이 무슨 뜻인가요?)
- **Could you be more specific?**
  (더 구체적으로 말씀해주시겠어요?)
- **Let's take a closer look at this problem**.
  (이 문제를 조금 더 자세히 검토하죠.)
- **I would like to analyze this situation and get to the bottom of the problem**.
  (상황을 분석해서 문제의 핵심을 찾으려고 합니다.)
- **Let's confirm the details, then.**
  (세부사항을 확인할까요?)
- **Let's make sure we agree on** these figures/dates.
  (숫자/날짜를 다시 확인할까요?)
- **Can we check these points one last time?**
  (마지막으로 이 문제를 확인할까요?)
- **As we understand it**, you would like to review the schedule before we go any further.
  (우리가 이해하기로는, 더 진행하기 전에 스케줄을 다시 검토하기를 원하시는 거죠?)

- **Correct me if I am wrong**, but you would prefer to have a different supplier.
(제가 오해 했으면 말씀해주세요. 다른 공급업체를 원하시는 거죠?)
- **Please correct me if I am wrong, but if I understand you correctly you are proposing that** we change the model.
(제가 잘못 이해 했으면 말씀해주시기 바랍니다. 제가 이해한 바로는 모델을 바꾸자고 제안하시는 거죠?)
- **Then as I understand it,** this is your final offer.
(제가 이해한 바로는 최종 제안이신 거죠?)
- I am not sure that I completely understand your offer. Could we go through it again?
(제가 제안을 완전히 이해하지 못한 것 같습니다. 다시 말씀해주실 수 있습니까?)

ii) 안심시킬 때
- **Let me reassure you that** there will be no more strikes.
(더 이상 파업이 없을 거라고 확신합니다.)
- **I can promise you that** our quality control is exceptional.
(우리 품질관리가 뛰어나다는 점은 약속 드릴 수 있습니다.)
- **Have no doubt that we will** visit the plant on a regular basis.
(우리가 공장을 정기적으로 방문할 것이라는 점은 걱정 안 하셔도 됩니다.)

iii) 이유를 묻고 싶을 때
- **Why would you want to** change your partner?
(왜 파트너를 바꾸려고 합니까?)
- **What would you do with** a model change?
(모델을 바꾸면 어떻게 하시겠어요?)
- **What is the reason for wanting to** begin with such a large number?
(왜 이렇게 많은 양으로 시작하고 싶으세요?)

- **Why couldn't you** try a different material?
  (왜 다른 소재를 사용하면 안 됩니까?)
- **What would be wrong with doing this?**
  (이렇게 하면 왜 안되나요?)
- **Why would you object to** extending the deadline?
  (왜 마감일을 연장하는 것에 반대하십니까?)

iv) 추가 정보가 필요 할 때

- **Would you like to elaborate on that?**
  (조금 더 상세하게 말씀해주시겠어요?)
- **Could you go into more detail on that?**
  (조금 더 구체적으로 말씀해주시겠어요?)

③ 의견 개진

- **Could you tell us more about** your relationship with your supplier?
  (공급업체와의 관계에 대해 설명해주실 수 있어요?)
- **Could you give us some more detail about** when you plan to move your production base to Asia?
  (언제 아시아로 공장을 이전할 지에 대해 상세하게 설명해주실 수 있어요?)
- **How would you feel if I suggested that** we try a new supplier?
  (제가 만약에 공급업체를 바꾸자는 제안을 한다면 어떻게 생각하시겠습니까?)
- **Wouldn't it be possible to** wait until the next quarter **and then** make a decision?
  (다음 분기까지 기다리고 그때 가서 결정할 수 있지 않나요?)
- **Can you suggest a compromise?**
  (절충안을 제안하실 수 있겠어요?)

- **I don't quite understand.**
  (잘 이해가 안 됩니다.)
- **Can you clarify your position?**
  (입장을 조금 더 명확하게 해주시겠습니까?)
- **Why do you especially want to make a decision right now?**
  (왜 꼭 지금 결정을 하려고 합니까?)
- **Does this mean** you would be looking for a new position if we did not give you a raise?
  (만약에 월급을 인상해주지 않는다면 다른 자리를 찾으실 겁니까?)
- **Have you got an example of this?**
  (이러한 사례가 있습니까?)
- **Could I ask how you got the information?**
  (이러한 정보를 어떻게 입수하셨는지 물어봐도 될까요?)
- **Are you sure?**
  (확실하나요?)
- **I can't see how** your position ties up with the department results.
  (당신의 입장과 우리 부서의 결과와 어떤 연관이 있는지 모르겠습니다.)
- **Before we discuss this point I'd like to** be sure about your position on teamwork.
  (이 문제를 논의하기 전에 팀워크에 대한 당신의 입장을 듣고 싶습니다.)
- **Can I just check a point you made earlier?**
  (방금 전에 했던 말씀을 다시 확인해도 될까요?)
- **Are you sure that that is the only way?**
  (다른 방법이 없다는 것이 확실하나요?)
- **I am sure that you could** find a way to work together instead.
  (같이 협업할 수 있는 방법을 찾을 수 있을 거라고 믿습니다.)
- **An alternative would be to** find a different partner.
  (대안은 새로운 파트너를 찾는 것입니다.)

- **Wouldn't it be possible for you to** try this supplier for a trial period?
  (임시로 이 공급업체를 한번 써보는 것은 어떨까요?)
- **I take it that** you have no objection to my checking your information?
  (그 정보를 확인해도 괜찮으시겠죠?)
- **Can I just summarize the positions as I see them?**
  (서로의 입장에 대해 제가 이해한 바를 요약해도 될까요?)
- Isn't your present supplier also working for our competition?
  (지금 공급업체가 우리 경쟁업체하고 일을 하고 있지 않아요?)
- **As I understand it,** you have worked with these people before?
  (제가 이해한 바로는, 이 사람들하고 일한 적이 있으시죠?)
- How does our offer/quote/bid compare with the others you've received?
  (지금까지 받은 것과 비교해 우리의 제안서/견적/입찰가는 어떤가요?)
- **Which points are you unhappy about?**
  (어떤 점에 대해 만족하지 못하십니까?)

i) 지금까지의 입장을 요약할 때

- **Can we summarize your position up to this point?**
  (지금까지 당신의 입장을 요약해도 될까요?)
- **Would you care to summarize your position up to this point?**
  (지금까지의 입장을 요약해 주시겠어요?)
- **So far we have decided** to review the agreement every year.
  (지금까지는 합의서를 매년 재검토하기로 결정했습니다.)

ii) 상대방의 입장을 확인할 때

- **Is that an accurate summary of where you stand?**
  (그 정도면 당신의 입장이 정확하게 요약된 건가요?)
- **Would you say that is a fair representation of your position**?
  (그것이 당신의 입장을 정확히 나타내고 있다고 하실 수 있나요?)

iii) 가정해 보기

- **Just for the sake of argument, what if I** didn't accept your offer today?
  (논쟁을 위해서 오늘 이 제안을 받아들이지 않으면 어떻게 되겠어요?)
- **Can I ask a hypothetical question? Suppose that** we have to change production base?
  (가정해서 질문을 해도 될까요? 만약에 공장을 이전해야 한다고 생각해 보십시오.)

iv) 공평하다는 것을 강조할 때

- **Don't you think a fair compromise would be** for both companies to contribute to development costs?
  (양사가 개발비를 부담하는 것이 공평한 절충안이라고 생각하지 않습니까?)
- **To reach a fair solution, we propose that** the current foreign exchange rate be used.
  (공평한 해결책을 위해 현 환율을 쓰도록 제안합니다.)
- **We are willing to meet you halfway** and propose that we cover the initial costs.
  (타협하는 의미에서 우리가 초기 비용을 부담하는 것을 제안합니다.)

⑤ 긍정적인 것을 강조할 때

- Good, we have made good progress on item 4, so let's see what we can do with item 5.
  (좋습니다. 의제 4에 대해 많은 진전이 있었습니다. 의제 5도 신속하게 처리하기를 바랍니다.)
- Good, I think we both feel encouraged about our progress so far and we are on our way to a mutually satisfying agreement.

(좋습니다. 지금까지의 많은 진전이 있었기에 양측이 상당히 고무적이라고 느끼고 있을 것입니다. 이제는 양측이 서로 만족할 수 있는 합의서에 근접해지고 있습니다.)

⑥ 반대

- **I understand where you're coming from, however** the price is too high.
  (입장을 충분히 이해하지만 가격이 너무 높습니다.)
- **I'm prepared to compromise, but** you have to meet me halfway.
  (저는 타협할 준비가 되어 있지만 그쪽도 어느 정도 양보를 하셔야 합니다.)
- **The way I look at it** we are basically talking about the same thing.
  (제가 보기에는 결국엔 우리가 같은 말을 하고 있어요.)
- **The way I see things** we really need to think about the big picture.
  (제가 보기에는 우리는 큰 그림에 대해 생각해봐야 합니다.)
- **I think that** your proposal has merit.
  (제가 보기에는 제안서가 상당히 매력이 있습니다.)
- **I don't agree with you.**
  (동의하지 않습니다.)
- **I object to** changing suppliers **because** we have worked with our current suppliers for a long time and we trust them.
  (지금의 공급업체하고 오랫동안 일을 해왔고 믿기 때문에 공급업체를 바꾸는 것을 반대합니다.)
- **I don't want to** move the production base to China **because** I am concerned that the shipping costs would be too great.
  (우리 공장을 중국으로 이전하면 운반비가 너무 높아지기 때문에 이전을 원치 않습니다.)
- **If you look at it from my point of view,** I have nothing to lose.
  (제 입장에서 보시면 저는 잃을 것 없습니다.)

- **I'm afraid I had something different in mind.**
  (저는 다르게 생각하고 있었습니다.)
- **That's not exactly how I look at it.**
  (저는 그렇게 생각하지 않습니다.)
- **From my perspective,** it's a win-win situation for me.
  (제 입장에서는 윈-윈 상황입니다.)
- **I'd have to disagree with you there.**
  (그 점에 대해 동의할 수 없습니다.)
- **I'm afraid that doesn't work for me.**
  (저는 그러한 제안을 받아드릴 수 없습니다.)
- **Is that your best offer?**
  (최상의 제안입니까?)
- **I'm unhappy about the situation because** I was led to believe that you could come down in price.
  (가격을 많이 할인 해줄 수 있을 거라고 믿었는데 실망입니다.)
- **My reason for disagreeing is that** after all these years of doing business with you, I know that you can be a little more accommodating.
  (제가 동의할 수 없는 이유는 수년 동안 비즈니스를 해온 경험에 비추어 더 양보해 주실 수 있을 거라고 믿기 때문입니다.)
- **My point of view is based on** years of experience in this field.
  (제 의견은 이 분야에서의 수년간의 경험에 바탕을 둔 것입니다.)
- **Personally, I think that** China's labor is becoming expensive and we have to move on to other countries.
  (저는 개인적으로 생각하기에는 중국의 인건비가 많이 인상되었기 때문에 다른 나라로 이동해야 할 것 같습니다.)
- **I can't accept your point of view that** the market has become saturated.
  (시장이 이미 포화상태라는 당신의 의견을 받아드릴 수 없습니다.)

- **I don't think you can justify that.**
  (그것을 정당화 할 수 있을 것 같지 않습니다.)
- **So you think that our assessment is wrong?**
  (그렇다면 우리의 평가가 잘못 되었다고 생각하십니까?)
- **So if I understand your point of view you think that** we need to look at other production bases?
  (제가 제대로 이해 했다면, 우리가 이제 다른 공장을 찾아야 한다고 생각하십니까?)
- **Let me point out that** when you first contacted us, you said that you were willing to do anything to do business with us.
  (제가 짚고 넘어가고 싶은 점은 처음에 우리한테 연락했을 때는 우리와의 비즈니스를 위해서는 그 무엇도 하시겠다고 하셨다는 겁니다.)
- **We have done all we can to meet your objections.**
  (반대사항을 해결하기 위해 우리는 최선을 했습니다.)
- **Let me explain how we have reached this conclusion/decision.**
  (우리가 어떻게 이러한 결론/결정을 내리게 된 것인지 설명해드리겠습니다.)
- **As you know, our offer was based on careful assessment of the situation**.
  (아시다시피 저희는 신중한 상황 판단에 근거해서 제안한 것입니다.)

⑦ 거절

- **I'm sorry, but it is impossible.**
  (죄송하지만 불가능합니다.)
- **I'm very sorry, but no.**
  (죄송하지만 안 됩니다.)
- **We must take into account** our shareholders.
  (주주들을 생각해야 합니다.)

- **Frankly, I must say** this is a very disappointing counteroffer.
  (솔직히 말씀 드리면 상당히 실망스러운 반대오퍼입니다.)
- **Frankly, it gave us a lot of trouble.**
  (솔직히 말씀 드리면 이 일 때문에 많이 곤란했습니다.)
- **It created a lot of work.**
  (이 일 때문에 일이 많아졌습니다.)
- **I'm afraid your offer doesn't go far enough.**
  (죄송하지만 제안이 불충분합니다.)
- **Unfortunately, we must decline your offer for the following reason(s).**
  (안타깝게도 다음과 같은 이유로 제안을 받아드릴 수 없습니다.)
- **I'm sorry, but we must respectfully decline your offer.**
  (죄송하지만 제안을 정중히 거절합니다.)
- It looks as if further negotiations seem **pointless**.
  (더 이상 협상하는 것이 의미가 없습니다.)
- We had hoped to achieve a mutually satisfying agreement and still do, but you will have to be willing to meet us halfway.
  (우리 서로가 만족할 수 있는 합의안에 도달하기를 원했고 지금도 원하지만 타협하려는 의지를 보여주셔야 할 것 같습니다.)
- I'm afraid we cannot consider that a reasonable offer.
  (죄송하지만 합당한 제안으로 받아들일 수 없습니다.)
- I am afraid that those conditions are unacceptable because...
  (다음 이유 때문에 그러한 조건을 받아들일 수 없습니다.) * 하지만 아직 타협의 여지가 있습니다.
- I think that we are going to have to reconsider that and get back to you.
  (그것을 다시 고려해 보고 연락 드려야 할 것 같습니다.)

<상대방은 입장을 재조정하거나 협상이 약간 지연되는 것 중에 선택하게 된다.>

f. 시간

한국에서 회의를 할 때 대부분은 미리 시간의 제한을 두기 때문에 무리하게 시간을 많이 빼앗지는 않지만, 예상보다 쉽게 풀리거나 혹은 반대로 예상치 못한 문제를 접하게 되면 때로 예정시간보다 더 오래 있을 수도 있다.

- Personally I have two hours (available).
  (저는 개인적으로 두 시간만 있습니다.)
- Will one hour be enough for you?
  (한 시간이면 충분하시겠어요?)
- If we say one hour, will it be alright?
  (한 시간 정도면 괜찮으시겠습니까?)
- I have been told that you only have two hours available for this meeting.
  (이 회의를 위해 두 시간만 있다고 들었습니다.)
- Since **we don't have all day**, I think that we should deal with the big picture and then e-mail each other about the details.
  (시간이 많지 않기 때문에 큰 그림에 대해 논의하고 세세한 내용은 e-mail로 계속 연락하는 것이 좋겠습니다.)

[어투에 따라 뉘앙스가 많이 달라질 수 있다. I don't have all day.에서 day에 힘을 많이 주면 상당히 부정적으로 느껴진다. 예를 들어, 아이와 엄마가 있는데 아이가 꾸물거리고 있으면 엄마가 하는 말이 된다. 하지만 회의에서 서로가 상황을 파악하고 동감이 있다고 생각하면 살짝 웃으면서 쓸 수도 있는 표현이다.]

g. 연기

- Perhaps we can leave this till later?
  (이 문제는 나중에 다루도록 하죠?)
- I think we'll come back to this point a little later in our discussions.
  (이 문제는 나중에 논의하는 것이 좋을 거라고 생각합니다.)
- It may be better to leave this aspect aside for the time being.
  (이 부분은 일단 논의하지 않는 것이 바람직하다고 생각합니다.)
- Let's leave this side of the discussion till later.
  (이 문제는 나중에 논의하도록 하죠.)
- May I suggest we have a break at about 4 pm?
  (4시까지 논의하고 그때 커피브레이크 갖는 것이 어떨까요?)
- We would have to study this. Can we get back to you on this later?
  (이 문제를 조금 더 검토해야 할 것 같습니다. 추후에 연락 드려도 될까요?)
- We'll have to consult with our colleagues back in the office. We'd like to get back to you on it.
  (본사와 상의해야 할 것 같습니다. 이 문제와 관련해서 나중에 연락 드려도 될까요?)

H. 협상

① 협상 개시

- **We've looked at what you have proposed, and we are ready to respond.**
  (제안서를 검토했는데 이제 우리의 입장을 말씀 드리겠습니다.)
- **After serious consideration, we are prepared to respond to your proposal.**
  (심사숙고 끝에 이제는 제안에 답변할 준비가 되었습니다.)

- **Regarding your proposal, our position is** that we can begin talks in earnest.
(제안서에 대한 우리의 입장은, 이제부터 본격적인 협상을 시작해도 된다는 것입니다.)
- **Our basic position is** that we would like this to be a cooperative effort.
(우리의 기본적인 입장은 우리가 협업을 했으면 합니다.)
- **As far as your proposal is concerned, we think that** we would have to have the final ok from the Board but basically there is no reason why we can't go ahead.
(제안서에 관해서 이사회에서 최종 승인을 받아야 하지만 우리가 진행을 못할 이유가 없다고 봅니다.)

② 조건부로 받아들이거나 양보를 요구할 때

- **We would be willing to** talk to our Board about the changes **provided, of course, that** you do the same with your Board.
(우리는 수정사항에 대해 우리 이사회하고 얘기할 것이고, 물론 당신도 당신의 이사회와 얘기해야 합니다.)
- **We are prepared to** give you a 10% discount. **However there would be one condition**.
(10%의 할인을 해드릴 수 있지만 조건이 있습니다.)
- **In return for this, would you be willing to** accept regular inspections?
(이에 대한 대가로 정기적인 검사를 받아들이겠어요?)
- **We feel there has to be a trade-off here**.
(주고 받는 것이 있어야 한다고 생각합니다.)

- **On the condition that you** allow annual inspections, **we could be persuaded to consider the questions of** providing further aid.
(매년 검사를 허용한다면 원조를 더 제공할 수도 있습니다.)

〈중립적인 조건부〉

- **Provided that you** engage in annual negotiations, **I think we could consider** not holding strikes.
(매년 협상을 한다면 우리는 파업을 하지 않는 것을 고려할 수 있습니다.)

〈중립적인 조건부〉

- **Provided that you** notify us of the changes in advance, **we see no objection to** adding different colors.
(우리한테 미리 알려주기만 한다면 다른 색상을 추가하는 것에 이의가 없습니다.) 〈더 긍정적인 조건부〉

- **Unless you** notify us at least three months in advance, **we would not be prepared to** accept the model changes.
(적어도 삼 개월 전에 알려주지 않으면 모델 변경을 허용하지 않을 것입니다.)

〈조건부에 대한 저항이 있음〉

③ 카운터 제안을 할 때

- **May we offer an alternative? We propose that** we have a trial period first.
(대안을 제시해도 될까요? 우선 시험기간을 두는 것을 제안합니다.)

- **We'd like to make an alternative proposal. We propose that** we launch the product in spring instead of fall.
(대안으로 가을보다 봄에 런칭하는 것을 제안합니다.)

- **From where we stand, a better solution might be** to move to Vietnam.
(우리가 보기에는 베트남으로 옮기는 것이 더 나은 해결책입니다.)

④ 장애요인을 확인할 때

- **The main obstacle to progress at the moment seems to be** the high labor costs.
  (우리가 현재 논의를 진전시키는 데 주요 장애요인은 고임금 문제인 것 같습니다.)
- **The main thing that bothers us is** that the samples were not satisfactory.
  (제일 문제가 되는 것은 샘플이 품질 미달이었다는 것입니다.)
- **One big problem we have is** the recent political turmoil.
  (제일 큰 문제는 최근의 정치적 불안입니다.)

⑤ 협박할 때

- **If you do not accept this, we will** have to talk with the Chinese.
  (이것을 받아들이지 않으면 중국하고 논의해야 할 것입니다.)
- In that case, **you leave us no choice but to** reconsider our offer.
  (그렇다면 우리의 제안을 재검토할 수밖에 없습니다.)
- **I am afraid that we are heading for a deadlock.**
  (교착상태에 가까워지고 있다고 생각합니다.)
- I regret that **we are dangerously close to having to break off negotiations**.
  (협상 결렬에 다가가고 있는 것 같습니다.)
- **We hope that we can avoid having to** delay shipment.
  (선적을 지연시키지 않아도 됐으면 좋겠어요.)
- **We hope that we will not be forced to** break off negotiations.
  (협상 중지를 하지 않아도 됐으면 좋겠어요.)

- **Naturally, we prefer to reach a reasonable compromise, but if this is your final position, we will have to** take our proposal elsewhere.
(당연히 합리적인 타협을 했으면 좋겠지만 이것이 최종안이라면 우리의 제안서를 다른 곳으로 가지고 갈 수밖에 없겠네요.)
- **Am I to understand that you are not willing to** accept a 2% increase? **If so, that would leave us no other alternative but to** withdraw our entire proposal.
(2% 인상을 받아들일 수 없다는 말씀이십니까? 그렇다면 우리의 전체안을 철회할 수밖에 없습니다.)

Relations v. relationship

한국말로는 '관계'라는 같은 단어를 사용하기 때문에 영어의 뉘앙스를 제대로 감지하기가 어려운 단어이다.

쉽게 말해서, relations는 결혼 또는 혈연으로 친척관계를 말하거나 국가 간의 관계를 뜻한다. Relationship은 개인 간의 관계를 뜻한다. 같이 사용할 수 있는 형용사 중에는 cold, formal, friendly 등이 있다.

예) We established diplomatic relations in 1945. Since then we have enjoyed a special relationship with them.(1945년에 외교관계를 수립했고 그 이후 특별한 관계를 누렸다.

---

3 질의/응답

(1) 상대방의 입장 확인할 때

- **What's your view of the situation?**
  (이 상황을 어떻게 보십니까?)
- **Thank you for explaining your point of view.**
  (의견을 설명해주셔서 감사합니다.)
- **I understand how you feel.**
  (입장을 이해합니다.)
- **I appreciate your problem/position.**
  (문제/입장을 충분히 이해합니다.)
- **I'm sorry I can't agree with your decision, but** I have to answer to my boss.
  (결정에 따를 수 없어서 죄송하지만 저는 제 상사한테 보고해야 합니다.)
- **I can see your point of view.**
  (입장을 이해합니다.)
- **I can't accept that, personally I feel** that we have already made many concessions.
  (받아들일 수 없습니다. 우리는 이미 많은 양보를 했다고 생각합니다.)
- **I see the problem differently.**
  (저는 이 문제를 다르게 봅니다.)
- **Our position is that we think the contract should** be honored the way it is written.
  (우리의 입장은 지금 계약서에 명시되어 있는 것처럼 지켜져야 한다고 생각합니다.)

- **On my side, I have to take into account** my Board.
  (제 입장에서는 우리 이사회를 생각 안 할 수 없습니다.)
- **Could you give me an idea of the prices your competitors are offering?**
  (우리의 경쟁업체에서 어떠한 가격대를 제시하고 있는지 알려줄 수 있어요?)

(2) 답변을 해야 하지만 답변하기 힘들거나 싫어서 회피하는 방법

- **Please repeat the question.**
  (질문을 다시 말씀해주시겠어요?)
- **I don't quite understand the question.**
  (질문을 잘 이해 못한 것 같습니다.)
- **That depends on** many factors.
  (많은 변수에 따라 달라집니다.)
- **That's quite another subject.**
  (그건 또 다른 문제입니다.)
- **You've got to understand the history. It really began** before the strike.
  (배경을 이해하셔야 합니다. 실은 파업 이전에 시작된 일입니다.)
- **Before I answer that you've got to understand the detailed procedure.**
  (질문에 답변하기 전에 구체적인 절차를 이해 하셔야 합니다.)
- **It appears to me** that that is not the major issue at hand.
  (제가 보기에는 그것이 제일 중요한 이슈가 아니라고 생각합니다.)
- **As I recall it,** you suggested that we change the model.
  (제가 기억하기로는 당신이 모델을 바꾸자고 제안한 것입니다.)

- **I don't recall.**

  (기억하지 못합니다.)

- **I have no firsthand experience with that but have heard** that their work is shoddy.

  (제가 직접 경험한 것은 아니지만 그 회사 작업이 수준 미달인 것으로 들었습니다.)

- **It varies because** the markets are so different in different countries.

  (국가마다 시장이 다르기 때문에 다릅니다.)

- **Sometimes it does work that way.**

  (때에 따라 그럴 때도 있습니다.)

- **That depends on** how you view it.

  (어떻게 보는가에 따라 다릅니다.)

- **It's not a question of yes or no. It's a question of degree (more or less).**

  (그렇다 아니다의 문제가 아니라고 생각합니다. (많든 적든) 정도의 문제인 것 같습니다.)

- **Your question is just splitting hairs. You're like a professor playing with words.**

  (사소한 문제를 가지고 까다롭게 굴고 있습니다. 마치 말장난 하고 있는 학자 같아요.)

- **You must understand the reason. It was not just one thing that caused it, but many. For example ...**

  (이유를 이해하셔야 합니다. 이유가 한 가지만 있는 것이 아니고 여러 가지가 있습니다. 예를 들어…)

- **Let's get specific** (in response to a general question)

  (일반적인 질문에 대해 – 이 문제를 구체적으로 봅시다.)

- **It generally works this way** (in response to a specific question)

  (구체적인 질문에 대해 – 일반적으로는 이렇게 하죠.)

- **No, it's not quite the way you said.**
  (말씀하신 것과는 다소 다릅니다.)
- **I can't talk about that because** it has not been concluded yet.
  (아직 결론이 나지 않았기 때문에 말씀 드리지 못합니다.)
- **It's a matter of how you look at it.**
  (어떻게 보는가에 따라 다릅니다.)
- **I don't mean to quibble with you, but** it is not the first time that we've made that concession.
  (까다롭게 굴고 싶지는 않지만 우리가 이러한 양보를 처음 하는 것은 아닙니다.)
- **I can't agree with the statement part of your question.**
  (질문의 서술 부분에 대해 동의 할 수 없습니다.)

(3) 상대방이 잘 이해하지 못하는 것 같을 때

- Did you understand that last point?
  (마지막 사항을 잘 이해했습니까?)
- What did you think of my proposal?
  (저의 제안에 대해 어떻게 생각하십니까?)

(4) 마무리하려고 할 때

- **Don't you think we can agree to** find ways to save costs?
  (비용절감 방법을 찾는 걸로 합의 보면 안될까요?)
- If we have settled this matter, do you want to move on to the next item?
  (이 문제를 해결했으면 다음 의제로 넘어갈까요?)

효과적으로 질문하는 방법

1. 구체적인 답변을 원하면 구체적인 질문을 한다. Open question이라고 하는 것은 간단한 yes 또는 no로 답변할 수 없는 질문이다. 상대방의 입장, 성격 등을 파악하기 위해서 유용하게 쓸 수 있는 질문의 종류이다. What하고 Why로 시작하는 질문들이 이런 답변을 끌어낼 수 있다.
2. 소크라테스가 2300여 년 전에 사용했던 비법인데 모른 척 아니면 바보인 척 해서 상대방이 의견을 충분히 말하도록 만드는 것이다. 진짜로 똑똑한 사람들은 아닌 척, 모르는 척하면서 상대방으로부터 더 많은 정보를 얻어내기도 한다. 그렇다면 어떻게 똑똑하지 않은 척 할 수 있을까? 여러 번 반복해 달라고 하거나 설명을 다시 해달라고 하면서 질문을 많이 하는 것이다.

바디 랭귀지

우리가 말로 하는 대화 외에 몸짓으로 표현하는 부분도 상당히 많다. 하지만 문화간의 바디 랭귀지는 다르게 이해되기 때문에 조심해야 한다.

다음과 같은 상황을 상상해 보자. 미국인, 일본인, 튀니지인 그리고 프랑스인이 있는데 성대한 식사를 한 다음 일본인이 식사가 어땠느냐고 물었다.

미국인은 엄지와 집게 손가락으로 원을 표시했다. 미국인은 좋다는 표현을 한 것이다. 하지만 일본인은 '돈'이라고 이해했기 때문에 비싼 식사였다고 생각하고, 튀니지인은 미국인이 일본인에게 건달이기 때문에 죽이겠다는 뜻으로 이해하고, 프랑스인은 싸구려 식사였다고 생각한다. 프랑스에서는 엄지와 집게 손가락으로 둥근 원을 만들면 'zero'라는 뜻이기 때문이다.

GLOBAL

제4부 효과적인 커뮤니케이션

NEGOTIATIONS

효과적인 커뮤니케이션 4부

협상을 할 때 또는 일상적인 국제비즈니스를 하기 위해서 항상 커뮤니케이션 즉, 의사소통을 해야 한다. 처음에는 서신, 팩스 또는 이메일로 접촉해서 관심을 표현하고 서로 관심이 있으면 발표나 제안의 기회를 갖게 된다. 어떤 제품을 수출하고 싶거나 서비스를 제공하거나 조건을 제시하기 위해 문서뿐만 아니라 발표를 통해서 상대방을 설득해야 하는데 이를 위해 효과적인 말하기와 쓰기 능력이 요구된다. 특히 외국어인 영어로의 쓰기와 말하기를 위해서는 다음 사항에 유의해야 한다.

1 효과적인 공개 발표

1) 발표하기 전 - 준비 단계

① 말은 글과 다르다.

공개 발표는 쓰여진 글하고는 엄연히 다르다. 청중의 입장에서는 한 번만 듣게 되고 이해를 못해도 다시 읽을 수 없다. 또 같은 날 여러 개의 발표를 듣게 되는 경우가 대부분이고 청중이 질문을 할 수 없는 경우도 있을 수 있으므로 최대한 명확하게 말을 해야 한다. 이를 위한 세 가지 방법을 소개한다.

첫째, KISS라는 약자를 이용해서 기억하면 된다.

Keep
It
Simple
Stupid. 또는

Keep
It
Short and
Sweet.라고도 한다.

시간 제한에 따라 다르겠지만 너무나 많은 내용을 한꺼번에 전달하려고 하면 오히려 두서가 없어질 수 있고 제대로 다 전달하지 못하게 된다. 위의 약자처럼 최대한 단순하고 간단하게 하는 것이 중요하다.

둘째, 주요 핵심부분을 여러 번 반복하는 것이다. 시작하기 전에 무엇을 얘기할 것인지부터 언급하고, 본론을 말한 후 끝나기 전에 다시 요약하는 것이다.

셋째, 절대로 준비된 원고를 그냥 읽어서는 안 된다. 영어가 모국어가 아니기 때문에 원고 없이는 절대로 못한다고 생각할 수 있겠지만 바로 그 반대이다. 모국어가 아니기 때문에 오히려 읽지 않고 말로 해야 한다. 흔히 자신이 없기 때문에 원고를 읽으려고 하지만 오히려 청중을 쳐다보지 않고 말을 하여, 발음도 명확하게 전달되지 않고 '때우는' 발표가 될 수 있다. 발표하는 사람과 듣는 사람한테 모두 시간 낭비가 된다. 모국어가 국제적으로 통용되는 언어가 아닌 경우에 대부분 영어로 말하기 때문에 나라별로 다양한 발음과 억양을 듣게 된다. 그러기 때문에 특이한 영어에 대한 관용도도 높다고 할 수 있다. 원고를 읽지 않고 청중을 보면서 커뮤니케이션을 하게 되면 청중이 열심히 들으려고 할 것이고 연사와 상호 간의 소통을 하기 때문에 더 효과적이다. 미리 준비하면 충분히 가능하다. 하지만 절대로 외워서는 안 된다. 외우면 긴장할 때 잊어버릴 수 있고 설사 잊지 않는다 해도 자연스럽지 못하기 때문에 듣는 사람이 잘 이해하지 못할 수 있다.

② 청중을 염두에 두라

청중의 구성에 따라 발표 내용물이 달라져야 한다. 청중은 모두 다 같지 않기 때문에 일반적인 청중을 생각할 때는 여러 층으로 생각하면 도움이 된다. 우선, 발표 내용에 대해 상당한 전문지식을 갖고 있는 사람들이 있을 것이다. 다음으로 전문적인 수준까지는 아니지만 어느 정도 알고 있는 사람들이 있고, 마지막으로 내용에 대해 거의 모르는 초보자들이 있다. 발표하면서 누구를 타깃으로 할 것인지 결정해야 한다. 모두를 만족시킬 수는 없다고 생각해야 할 것이고, 때에 따라서 전문가 혹은 비전문가를 대상으로 해야 할 것이다.

③ 발표와 스트레스

발표하는 것은 상당한 스트레스를 주고, 더욱이 외국어로 발표해야 하면 스트레스의 정도가 한층 더 심해진다. 발표하는 것은 10대 스트레스 중에 하나라고 했는데 그 외에 다른 스트레스 요인은 배우자의 죽음/이혼, 이사하는 것이 있다. 그렇다면 효과적으로 발표하는 방법이 있을까? 다음과 같은 방법을 고려하면 스트레스 요인을 많이 줄일 수 있을 것이다.

사람들은 왜 발표하는 것을 두려워할까?

- 말이나 행동을 잘못해 창피를 당할까 봐
- 본인의 커리어나 평판에 악영향을 줄까 봐
- 청중 앞에서 놀림감이 될까 봐
- 할 말을 잊을까 봐
- 다른 사람들로부터 평가 받을까 봐
- 본인의 의견이 거부 당할까 봐
- 아무도 반응을 보이지 않을까 봐
- 질문에 대해 답변을 하지 못할까 봐

두려움을 극복하는 방법

발표하기 전에 약간의 자기최면을 하면 도움이 된다.

(1) 무엇을 두려워하는지 자신한테 말하고("사람들 앞에서 말하는 것이 두렵다.")

(2) 자신한테 왜 이러한 두려움이 있는지 설명한다.("어렸을 때부터 발표해야 하면 너무 긴장해서 기절할 것 같았다.")

(3) 왜 이것이 불합리한 두려움인지 합리화한다.("지금까지 한 번도 기절한 적이 없으니까 이번에도 그럴 리가 없다.")

(4) 마지막으로는 본인과 본인의 능력에 대해 긍정적인 말을 한다.("충분히 준비했기 때문에 잘 할 수 있다.")

최고의 이미지를 연출하는 방법

두려움을 극복한 다음에는 최대한의 연출로 본인의 이미지를 부각시켜야 한다. 사람을 만날 때 처음 5초에서 7초 사이에 상대방에 대한 인상이 형성된다는 연구가 있다. 다시 말해 입을 열기도 전에 사람들은 이미 발표할 사람에 대해 판단하고, 인상을 굳히게 된다는 것이다.

그렇다면 최대한 긍정적인 이미지를 연출하는 방법은 무엇일까?

• 외모

의상에 따라 자신감도 생기고 전문가의 면모를 상대에게 줄 수도 있다. 남성의 경우에는 양복을 입기 때문에 그렇게 큰 문제는 안 되지만 최대한으로 깔끔하게 입고 특히 구두에 신경을 써야 한다. 양복은 세탁해서 다림질까지 잘 되어 있는데 구두가 먼지투성이면 좋은 인상을 주지 못한다. 발표할 때는 청중보다 약간 더 차려 입는 것이 바람직하다.

여성인 경우에는 바지 또는 치마 정장이 깔끔하고 색상은 남성의 색상과 마찬가지로 남색, 회색, 검정색이 괜찮다. 액세서리의 경우에는, 발표할 때 시선을 분산시키는 것이나 너무 요란한 것은 금물이다. 머리와 손톱도 역시 단정해야 한다.

• 분위기

발표하는 사람이 발표내용에 대해 자신감이 없거나 확신하지 못하면 아무리 배우처럼 연기를 잘 한다고 해도 설득력 있게 전달되지 못한다. 때에 따라서는 발표 내용에 대해 본인이 설득이 안 된 채로 발표를 해야 하는 경우가 있다. 이럴 때는 최대한으로 감정 조절을 확실하게 해야 한다. 머릿속에 가상의 칸막이를 그려 발표하는 동안에 부정적인 생각을 칸막이 안에 넣고 잠가 두었다 끝나고 나면 문을 여는 것이다.

• 목소리 톤

목소리에 자신감이 없으면 듣는 청중이 신뢰를 하지 않을 것이다. 최대한으로 연습을 하는 것이 도움이 된다. (1) 녹음해서 목소리 크기, 강조하는 부분 등을 잘 듣는다. 목소리의 높낮이가 제대로 되는지도 확인한다. (2) 억양이나 음성의 조절이 가능하다. 어느 부분을 강조하는가에 따라 의미도 달라질 수 있다. 어떤 부분을 강조할 것인지를 잘 표시해 둔다. (3) 중요한 부분에서는 조금 더 느리게 말한다. 일반적으로 분당 125~250 단어가 청중이 적당하다고 느끼고, 너무 빨라지면 따라가기 버겁기 때문에 답답해 한다. 중요한 부분에서는 느리게 해서 청중이 충분히 숙지할 수 있도록 했다가 덜 중요한 부분에서는 빨리 지나간다. 박진감 있게 발표하면 더 효과가 있다. (4) 목소리가 높거나 너무 빠르면 발표자가 긴장하고 있다는 것을 나타낸다. 반대로 느리고 낮은 목소리는 자신감을 나타낸다.

* 같은 문장이라도 어떤 단어를 강조했는가에 따라 의미가 달라진다.

Tom went out for pizza on Thursday.

→ 중립적인 뜻으로 '탐이 목요일에 피자를 먹으러 갔다.

Tom went out for pizza on Thursday.

→ 탐을 강조하면 Peter, Mary, Paul 등이 아닌 바로 탐이 피자를 먹으러 갔다는 것을 강조한다.

Tom ***went out*** for pizza on Thursday.

→ 탐은 항상 피자를 배달시켰는데 이 문장에는 나가서 외식했다는 것을 강조한다.

Tom went out for ***pizza*** on Thursday.

→ 탐이 피자를 먹었다는 사실을 강조하는 것이다.

Tom went out for pizza on ***Thursday***.

→ 탐은 화요일마다 피자를 먹으러 갔기 때문에 목요일에 간 것이 상당히 강조할 만한 사실이다.

말하는 것과 소통하는 것은 다르다!

효과적인 발표를 하기 위해서는 단순히 말을 한다기 보다는 소통한다고 생각해야 한다. 다시 말해 발표를 하면서 일방적인 독백(monologue)이 아닌 대화(dialogue)를 한다고 생각해야 한다. 효과적인 웅변가를 보면 청중이 수백, 수천 명에 이르더라도 청중과 대화하는 것처럼 느끼게 한다.

---

(1) 정신적, 육체적인 준비

준비를 많이 하면 할수록 자신감이 생긴다. 초보자는 준비하는 데 더 많은 시간을 투자해야 할 것이지만, 발표를 많이 하면 할수록 준비하는 시간이 상대적으로 적어질 것이다. 한국에서는 아직 생소한 개념이지만 미국에는 speech coach - 운동에서 코치가 있듯이 발표하는 데 도움을 주는 코치가 있다. 영어로 발표를 준비해야 하면 전문가한테 조언을 받는 것도 좋은 방법이다. 코치의 도움을 받는 것이 여의치 않으면 다음 사항을 고려하면 도움이 된다.

발표하기 전에는

- 물을 많이 마시기
- 전날 충분히 자기
- 전날 음주를 하지 않거나 최대한으로 자제하기
- 식사를 제대로 하기
- 심호흡하기
- 머릿속에 긍정적인 결과를 그리기

육체적 준비

- 발표하기 전에 발표 장소 분위기에 익숙해진다.
- 청중과 만나서 익숙해진다.
- 아무도 안 보이는 장소에 가서 허리 굽혀서 손과 팔이 바닥에 닿도록 하거나 목, 팔, 다리 등을 스트레칭한다.
- 숨을 깊게 들이마시고 천천히 내뿜는다.

(2) 발표 내용을 정리하기

마음의 준비를 했으면 이제 원고를 준비해야 한다. 할 얘기는 항상 많고 시간이 적기 마련이다. 이럴 때 할 얘기를 최대한 효과적으로 전달할 수 있는 방법이 무엇이고 10분이든 30분이든 발표가 끝나면 청중이 어떤 메시지를 갖고 집에 가기를 원하는지 항상 생각하면서 모든 발표 내용을 준비해야 한다. 목표를 설정 했으면 절대로 목표를 잊어서는 안 된다.

① 발표 서론

발표를 시작하면서 제일 중요한 것은 청중의 주의를 집중시키는 것이다. 발표를 시작했는데 아무도 들어주지 않으면 연사의 의무를 제대로 못하고 있다는 뜻이다. 처음 시작할 때 주의를 집중시키는 방법은 다양하다. 예를 들어, 발표 주제에 대한 정의를 내릴 수 있고, 시사 문제와 연결시킬 수 있고, 통계자료를 말할 수 있고, 몇 개의 수사적인 질문을 던질 수 있고, 역사와 연결시킬 수 있고, 인용문구, 유머, 놀라운 사실, 개인 경험, 유사한 상황 등을 사용할 수 있다. 처음 시작하는 것이기 때문에 기본적으로 청중이 들을 자세가 되어 있지만 간혹 그렇지 못할 경우도 있다. 모든 사람들이 발표를 듣도록 해야 한다.

처음부터 발표의 가치를 믿을 수 있도록 해야 한다. 청중이 시간과 에너지를 투자해서 들어야 하는지를 결정하게 된다. 본론 부분에 청중이 진짜 들어야 하겠다는 것을 결정하게 된다. 이 부분에 충분히 설득이 안되면 청중은 집중하지 못하고 다른 생각을 하게 된다.

발표하는 사람이 들을 만하다는 것을 알리는 방법은 본인의 경력을 알리는 것이지만 너무 자만하거나 길게 하면 오히려 지루하기 때문에 필요한 부분만 명확하고 정확하게 알리면 청중이 왜 들어야 하는지를 알 수 있을 것이다.

The Attention Curve

대부분의 경우에는 처음에는 발표를 들으려고 한다. 하지만 발표의 반 정도 지나면 청중의 10-20% 정도만 듣게 되는 경우가 많다. 끝에는 청중이 다시 듣기 시작한다. 결론 부분에는 발표에 대한 뭔가는 배우고 싶어하기 때문에 다시 듣게 된다.

어떻게 하면 청중을 처음부터 끝까지 듣도록 할 수 있을까?

우선, 발표를 시작 할 때에는 거의 모든 청중이 듣고 있기 때문에 들을 만한 가치가 있다는 것을 충분히 주입시켜야 한다.

발표하면서 이것만은 꼭 알고 갔으면 하는 핵심적인 메시지를 처음에 정확하게 명시하고 끝나기 전에 재확인시킨다.

마지막으로는 중간중간 잠정결론을 내리는 것이다. 잠깐 다른 생각을 해서 놓쳤어도 다시 따라갈 수 있게 하는 것이다.

② 본론

본론 부분에는 발표 내용의 핵심이 들어간다. 이 내용이 최대한 이해가 되도록 연결고리, 고정장치, 혜택 그리고 적용 전략을 사용하면 효과적이다.

- 연결고리는 발표할 내용의 포인트 또는 주제를 연결해주는 장치이다. 연결고리를 효과적으로 이용하면 발표가 논리적이고 흐름이 생기기 때문에 청중이 따라 가기 쉽다. 연결고리는 이야기, 놀라운 것, 마지막으로 얘기한 것과 연결하는 것 또는 주의를 다시 집중시키는 장치가 될 수 있다. 예를 들어,

"Good afternoon. My name is Hong Kildong and I would like to tell you a story."
(안녕하세요. 저는 홍길동입니다. 이야기를 말씀 드리겠습니다.)
"I am pleased to present to you this product which has been extremely successful in our country, and which we believe will be equally successful in your country."
(여러분에게 이 제품을 소개해드리게 되어서 기쁩니다. 우리나라에서 큰 성공을 거두었는데 이곳에서도 못지 않게 성공을 거둘 수 있을 거라고 믿어 의심치 않습니다.)

- 고정장치는 각 주제 또는 포인트를 말할 때 필요하다. 발표 내용을 감정과 연결하기 때문에 더 오랫동안 기억할 수 있다. 통계자료, 이야기, 조크 또는 유추를 이용해서 연결할 수 있다. 고정장치는 감정과 연결되기 때문에 효과가 더 크다. 예를 들어, 숫자를 얘기할 때 추상적으로만 얘기하기 보다는 400명이라거나 버스 10대의 인원이라든가 하는 식으로 구체화하면 훨씬 더 와 닿는다. 고정장치 중에는 눈으로 볼 수 있는 것, 소리로 듣는 것, 만질 수 있는 것 그리고 감정으로 느낄 수 있는 것들이 있다.

- 혜택은 근본적으로 듣는 사람들이 "나한테는 어떤 혜택이 있는가?"라

는 질문을 하기 때문에 발표하면서 어떤 혜택이 있다는 것을 알린다는 것이다. 발표하면서 빨리 얘기하고 발표 중에 계속 반복한다. 비즈니스 발표를 하면서 예를 들어, 이 기계를 사용하면 인건비를 30% 절약할 수 있다는 것을 기회 있을 때마다 강조한다.

* WIIFM: What's In It For Me?의 약자로 wiffum처럼 발음한다. 청중이 발표를 들으면서 자동적으로 나한테 돌아오는 것이 무엇인가? 나한테는 어떤 혜택이 있는가를 생각한다는 뜻이다.

- 적용부분은 발표 내용을 어떻게 적용시킬 수 있는가 하는 질문에 답변하는 것이다. 유용한 정보를 제공하는 것도 중요하지만 내 인생에 어떻게 적용할 수 있는지를 알려줘야 청중이 실질적으로 설득이 된다.

③ 결론

마무리하는 방법이 여러 가지 있지만 요약하는 방법이 제일 무난하고 발표의 핵심을 다시 강조할 수 있는 기회이다. 주요 핵심 부분을 이야기하고 앞으로 나갈 방향에 대해 언급하는 것도 바람직하다. 시작할 때와 마찬가지로 웃으면서 끝내는 것도 좋은 인상을 준다.

(3) 발표하기

사전 준비는 이제 다 끝났고 발표할 시간이 다가온다. 갑자기 손에 땀이 생기고, 다리에 힘이 빠지고 속은 약간 메스꺼운 것 같고 현기증이 나는 것 같은데 결국에는 발표하기 전에 긴장일 뿐이다.

주의를 집중시키고 흥미로운 발표를 하기 위해서 청중 앞에서 준비한 내용을 달달 외워서 말하는 것만이 전부가 아니다. 내용을 가지고 잘 전달하면서 청중과 소통을 하는 것이다. 그러기 위해서는 다음과 같은 것을 기억해야 한다.

① 평상시보다 목소리를 조금 낮게 말하고 천천히 말한다. 말을 천천히 하면 톤 자체도 낮아지기 마련이다. 낮은 목소리는 권력과 힘을 나타난다. 평상시보다 말을 천천히 하면 필기를 하고 싶은 사람들한테 시간을 주게 된다.

② 목소리의 톤을 신경 쓴다. 어떻게 보면 발표 내용보다 어떻게 전달했는가가 더 중요할 수도 있다. 내용이 아무리 훌륭하더라도 목소리의 톤이 너무 간드러지거나 설교조이면 청중이 신뢰하기 어려울 것이다.

③ 발표는 자신감 있게 그러나 겸손하게 한다. 그 누구도 거만한 발표자를 좋아하지 않는다. 아무리 청중보다 전문가라고 해도 청중이 들을 때 편안하게 들을 수 있도록 해야 한다.

❋ 발표가 제대로 될 수 있도록 신경 써야 할 점

① 시간 잘 지켜야 한다.

발표할 때 시계가 안 보이는 위치에 서게 되면 시계를 풀어 연단에 올려 놓는 것이 좋은 방법이다.(핸드폰은 중간에 울릴 위험이 있기 때문에 발표하기 전에 전원을 꺼야 하고, 시계처럼 사용하는 것은 금물이다!) 시계를 손목에서 풀지 않고 힐끗힐끗 쳐다보면 발표하는 것보다 더 중요한 일이 있어서 서두른다는 느낌은 주게 된다!

② 처음 계획대로 진행한다.

특히 외국인 앞에서 발표하게 되면 간혹 중간중간 질문을 할 때가 있는데 이럴 때 당황하지 말고 꿋꿋하게 진행한다. 즉, 간략하게 답변한 다음 계속 진행한다. 끝나고 나서 질문 시간은 항상 여유 있게 두는 것이 바람직하다.

③ 공통점을 찾아라.

가능하면 청중과의 공통점을 찾아서 얘기하면 유대관계가 형성되기 때문에 청중의 반응이 한층 더 부드러워질 것이다.

④ 답변을 모르면 모른다고 인정한다.

질문을 했는데 답변을 모를 때는 돌려 말하기보다는 솔직하게 인정하고 알아보고 다시 알려주겠다고 하는 것이 바람직하다.

"I'm afraid I don't know the answer, but I'll get back to you."(답변을 모르지만, 알아보고 알려드리겠습니다.)

만약에 팀원 중에 전문가가 있으면 발언권을 그 사람한테 돌릴 수 있지만 그 팀원이 답변을 모르면 상당히 당황 할 수 있고 그럴 경우에는 오히려 역효과가 있을 수 있기 때문에 조심스럽게 해야 한다.

I'm afraid I don't know the answer, but Kim Chulsoo is in research and might be able to help me out.

(저는 답변을 모르지만 김철수 씨는 연구를 하고 있기 때문에 저를 도와줄 수 있을지 모르겠습니다.)

⑤ 발표 노트에 쪽수를 적는다.

긴장하기 때문에 평상시에는 전혀 문제가 안 되는 것이 문제가 될 수 있다. 당황해서 실수로 노트를 떨어뜨리는 경우 쪽수가 적혀있지 않으면 정리하는 데 시간이 오래 걸릴 수 있고 정리하면서도 당황하게 된다.

⑥ 파워포인트 내용을 인쇄하거나 디스크로 준비한다.

발표자가 여러 명이면 주최 측이 파워포인트 자료를 컴퓨터에 먼저 준비할 수 있게 미리 보내달라고 하는 경우가 많다. 그렇다고 발표할 때 빈손으로 가면 안 된다. 여분으로 하드카피, usb장치 등에 담아 준비해 가면 기술적인 문제가 생기더라도 당황하지 않는다.

목소리를 악기처럼 다룬다

목소리는 타고난 것이긴 하지만 악기처럼 다룰 수도 있다. 목소리를 잘 이용해서 청중을 쥐었다가 풀었다가 할 수 있기 때문에 내용을 전달하는 데 도움이 된다.

- 속도: 너무 빠르거나 너무 느려서는 안 된다. 강조하고 싶을 때나 분산된 주의를 다시 집중시키고 싶을 때는 속도 조절을 하면 된다.
- 피치: 목소리의 높이를 조절한다. 일반적으로 중요한 단어 또는 음절에는 올라가게 된다. 예를 들어, This is the *first* time we have attempted this.(이런 것을 시도한 것은 처음입니다.)
- 크기: 중요한 단어 또는 문장을 강조하기 위해서는 그 부분을 더 크게 말한다. 하지만 발표하는 내용에 청중을 끌어들이고 싶으면 목소리를 부드럽게 하면 된다. 목소리가 너무 자주 부드러워지면 본인의 약점처럼 느껴질 수 있기 때문에 너무 자주 쓰면 오히려 역효과를 낼 수 있다.
- 잠시 멈춤: 방금 한 내용을 강조하고 싶을 때 잠시 멈추면 청중의 주의를 다시 집중시키게 되고 또 다시 생각할 기회도 준다.

목소리를 보호하기

차가운 음료수 또는 카페인이 들어 있는 음료수는 피하는 것이 바람직하다. 차가운 음료수와 카페인 음료는 성대를 움츠러들게 하기 때문에 목소리가 허스키해진다. 물을 자주 마시면 좋지만 냉수는 안 좋다.

발표하기 전에 민트나 설탕이 많이 들어 있는 음식도 좋지 않다. 흔히 발표하기 전에 민트나 사탕을 먹으면 목소리가 맑게 나올 것이라고 생각하지만 오히려 그 반대이다.

시작이 반이다!

제대로 시작하는 것이 중요하기 때문에 다음과 같이 시작하는 것은 금물이다

1) 사과로 시작하는 첫마디

동양에는 겸손이 미덕이기 때문에 시작하기 전에 사과부터 하는 경우가 있다.

영어가 부족하다 또는 본인이 이 내용에 대해 잘 모르기 때문에 발표자로서 미달이라는 등 겸손의 인사를 한다. 서양사람이 들으면 상당히 당황해 한다. 영어가 부족하다고 본인이 "고백"하면 그 다음 내용을 들으려고 하지 않는다.(본인도 인정한 부족한 영어를 굳이 들을 필요가 없다는 생각이다.) 그리고 전문가가 아닌데 왜 발표하고 있을까라고 의아하게 생각한다.

2) 부족한 준비에 대한 언급

시간이 없었기 때문에 준비를 제대로 하지 못했다고 하면 청중이 모욕 당했다고 느낄 것이다. 이후 내용을 들으려고 하지 않을 것이다.

3) 상투적인 이야기

시간이 소중하기 때문에 알맹이가 없는 말을 가능하면 피해야 한다. It's a pleasure for me to be here. I was given the opportunity to discuss a very important issue. I believe that this is an important issue in my country but it is also important in other countries around the world.

(여기서 발표하게 되어 반갑습니다. 아주 중요한 문제에 대해 말씀드릴 기회라고 생각합니다. 우리 나라에 중요한 문제지만 또 세계 다른 나라에도 중요한 문제입니다.) 제일 중요한 앞부분에서 별다른 내용이 없는 말을 듣게 되면 청중이 다른 생각하게 된다.

4) 유머

미국인들은 특히 유머를 이용해서 발표를 시작하기 좋아하지만 문화권이 다르고 언어도 모국어가 아닐 때는 아주 조심스럽게 사용해야 한다.

5) 어두운 조명

발표를 시작할 때는 밝은 상태에서 해야 한다. 파워포인트, 비디오 등 다양한 멀티미디어를 이용해서 발표를 하는 경우, 시작할 때는 먼저 불이 켜진 상태에서 청중에게 인사한 다음에 어둡게 해야 한다. 적어도 발표자가 누군지를 청중이 알아야 한다.

6) 중요한 이슈 비켜가기

발표하기 전에 발표할 내용과 연관 있는 주요한 소식이 생겼을 경우, 발표하기 전에 이에 대해 다루지 않으면 청중은 그 생각만 하고 있을 것이다.

❋ 발표하면서 고려해야 할 점

- 발표하면서 긍정적으로 생각한다.
- 청중이 특히 미국인으로 구성되어 있으면 이야기를 선호한다. 딱딱한 차트, 그래프 또는 숫자를 나열하기보다 이야기를 통해서 메시지를 전달하면 훨씬 효과적이다.
- 슬라이드를 보면서 읽는 것은 금물이다. 읽기 대회가 아니므로 슬라이드는 발표하고자 하는 내용을 뒷받침하는 보조용이어야 하고 발표할 내용이 되어서는 안 된다.
- 노트를 읽어서는 안 된다. 읽게 되면 발표의 효과가 반 이상 줄어들고 청중과의 연결이 떨어진다.
- 급하게 생각하면 안 된다. 필요할 때 잠깐 멈추고 숨을 들이마시고 얘기하면 생각할 여유가 생긴다.
- 실수를 하더라도 너무 자책하거나, 괴로워해서는 안 된다. "죄송합니다." "미안합니다."라고 일일이 사과할 필요는 없다. 자신감을 계속 유지하면서 끝까지 꿋꿋하게 밀고 나간다.

- 중요한 부분은 충분히 흡수되도록 잠깐의 시간을 둔다. 발표하면서 긴장되기 때문에 발표가 빨라지는 경우가 있는데 그런 발표를 하면 듣는 사람이 내용을 이해하는 데 어려움이 있다.
- 나라마다 유머감각이 다르다. 가능하면 그 나라 사람한테 한번 '확인'해서 괜찮은 조크인지 미리 검증 받는 것도 한 방법이다. 적시적소에 사용한 유머는 효과 만점이지만 잘못 사용한 유머의 역효과는 수습하기 어려울 수 있다.
- 서양사람 앞에서 발표할 때 간혹 발표 중에 질문을 하는 경우가 있다. 이럴 때 당황하지 말고 간단하게 답변하고 또 다른 질문이 있는지 확인하고 발표를 계속 진행한다. 끝나고 나서는 청중이 관심이 많거나 발표가 잘 됐으면 질문이 많을 것이다.

외국어로 발표하기

발표하는 것 자체도 괴로운데 외국어로 발표해야 하면 더더욱 괴롭다. 완벽해야 한다는 생각보다는 청중과 유대관계를 형성해야 한다고 생각하는 것이 바람직하다.

필요하면 원고를 다 쓰고 원고를 가지고 연습을 하되 발표할 때는 아웃라인을 가지고 발표한다. 시작하기 전에 "Please forgive my Korean accent." 또는 "I hope you can understand my English." 또는 "My English is hard to understand so I will speak slowly." 등과 같은 비하발언은 피한다. 모국어가 아닌 것을 알기 때문에 우리가 생각하는 것보다 훨씬 너그러울 것이다. (한국 사람이 발표할 때 제일 신랄하게 비판하는 사람들은 같은 한국 사람인 경우가 많다!)

문장은 최대한 짧게 그리고 복잡하지 않게 한다. 부정문보다 긍정문이 훨씬 간단하다.

발표하기 전에 발표문 외에 또 다른 신문, 잡지 등을 큰 소리로 읽고 라디오, TV 등을 보고 듣는다.

---

(4) 발표 후

- 발표한 다음에는 "휴, 살았다!" 하고 끝나는 것이 아니고 머리 속으로 되새겨 본다. 무엇을 잘 했고 무엇을 잘못했는지 곰곰이 생각한다.
- 실수 했으면 다음에 다시 그런 실수를 하지 않도록 철저하게 준비한다.

① **Q&A**

질의 응답시간은 어떻게 보면 발표하는 것보다 더 긴장될 수 있다. 어떤 질문이 나올지 모르기 때문이다. 하지만 어느 정도는 예상할 수 있기 때문에 미리 답변을 생각하고 마음의 준비를 하는 것이 바람직하다. 질의 응답 때 꼭 기억해야 할 점은

i) **질문을 잘 듣는다**. 당연한 얘기 같지만 질문을 잘 듣지 않으면 너무나 많은 경우에 동문서답하게된다. 청중은 질문을 잘 이해 했는데 질문의 핵심을 놓치고 다른 말을 하게 되면 발표 때의 좋은 인상이 사라질 수 있다. 만약에 이해 못했으면 "I don't think I quite understood your question. Could you repeat it?" 또는 "Could you clarify?"라고 짧게 하면 다시 갈하게 된다. 질문하는 사람도 긴장하니까 말이 명확하지 않을 수 있다는 것을 명심해야 한다.

만약에 질문을 거의 다 이해 했다고 생각하면 질문의 요지를 다시 말하는 것도 방법이다. So what you are saying is that...라고 간단하게 요약한다.

ii) **질문을 인정한다**. 많은 경우에 "That's a good question."이라고 간단하게 시작하면 질문한 사람의 기분이 좋아진다. 하지만 너무 엉뚱한 질문인 경우에 그렇게 답변하면 오히려 어색할 것이다. 전혀 관계 없는 질문인 경우에는 "I'm sorry, but I can't see how your question relates with my topic."이라고 할 수 있고 또는 "I'm sorry, but I think that that is another presentation altogether."라고 할 수 있다.

iii) **모를 때는 모른다고 한다**. "I'm sorry, but I don't know."라고 인정하는 것이 바람직하다. 만약에 꼭 알았어야 하는 내용인 경우에는 "I'm sorry, I don't know but I'll find out and get back to you."라고 하면 노력하는 모습을 보이기 때문에 점수를 조금 만회할 수 있다. 엉뚱한 답변을 하면 오히려 마이너스가 될 수 있다.

② 파워포인트를 이용한 효과적인 발표

최근에는 발표를 하면 파워포인트를 사용하는 것이 당연하게 여겨지고 있지만 발표의 형식에 따라 불필요할 수도 있다. 강의 형식이 아닌 토론 형식의 경우에는 파워포인트보다 화이트보드를 사용하는 것이 더 효과적일 수 있다. 핵심 아이디어를 강조하고 싶거나 청중이 필기를 해야 할 경우에는 파워포인트가 효과적이다.

i) **파워포인트 내용물**

발표를 하면서 상대방한테 할 얘기가 너무나 많을 것이다. 이것도 중요하고 저것도 중요하고 무엇을 어떻게 빼야 할지 막막할 수가 있다. 하지만 짧은 발표를 하면서 모든 것을 다 말할 수는 없기 때문에 냉정하게 무엇이 들어가야 하고 무엇은 빼도 되는지를 결정해야 할 것이다.

파워포인트 슬라이드에는

- 텍스트를 최소화 한다. 한 슬라이드에 5개 항목 이상 있으면 좋지 않다. 내용물이 너무 많으면 사람들이 읽느라고 발표 내용을 듣지 않는다.
- 글씨 크기와 색감을 확인한다. 슬라이드에 있는 텍스트를 멀리 있는 사람도 충분히 잘 읽을 수 있는지 확인한다.
- 그림을 쓸 수 있으면 그림을 택한다. 기억하기가 더 쉽고, 발표 내용을 듣는데 방해가 안 되고 효과가 더 크다.
- 복잡한 그래프 또는 차트는 피한다. 굳이 그래프를 사용해야 하면 한 눈에 쉽게 볼 수 있는 간단한 그래프를 사용한다.
- 슬라이드가 화면 크기와 맞는지 확인한다. 슬라이드가 희미하거나 스

크린에 맞지 않으면 조절하는데 시간을 낭비하게 된다.

- 슬라이드와 맞춰서 간단한 노트 또는 talking point를 준비한다. 절대로 원고를 읽어서는 안 된다.
- 배경이 짙은 색이고 글씨가 흰색일 때 멀리서 잘 보인다.
- 글자체는 Helvetica, Arial 등과 같이 세리프가 없는 고딕계열을 이용하는 것이 좋다.
- 대문자 소문자를 적당히 사용하고 처음부터 끝까지 대문자만 사용하지 않는다. 읽기가 그만큼 더 힘들다. 이탤릭체는 강조하고 싶을 때만 사용한다.
- 글자 크기는 26-30 폰트가 적당하다.
- 효과음은 사용하지 않거나 최소화한다. 한두 번은 재미있을 수 있지만 처음부터 끝까지 효과음이 있으면 식상해진다.

2 효과적인 서신

1) 비즈니스 편지의 기본

① letterhead

컴퓨터가 있기 전에는 레터헤드를 인쇄하려고 하면 돈이 많이 들었지만 이제는 컴퓨터로 간단하게 디자인해서 필요할 때마다 템플릿을 이용해서 사용할 수 있다. 레터헤드에는 회사명칭, 주소, 전화번호, 팩스번호, 이메일 주소는 꼭 들어가야 한다. 형식은 위, 아래, 양 옆으로 할 수 있지만 제일 많이 쓰이는 형식은 위 또는 아래에 넣는 것이다.

② 편지 형식

영어로 편지를 쓸 때 기본적인 형식이 있기 때문에 형식을 따르지 않으면 첫 눈에 거부반응을 일으킬 수 있다. 내용을 읽지 않고 곧바로 쓰레기 통으로 버려질 수 있기 때문에 기본 형식은 지켜야 한다.

- 날짜는 필수로 들어간다. (첫 번째 왼쪽 편에 있는 줄에 들어가거나 오른 편으로 들어갈 수 있다.) 날짜를 쓸 때 숫자 보다는 글로 쓰는 것이 혼돈의 여지를 최소화하기 때문에 바람직하다. 미국에는 숫자로 쓸 때 월/일/년 순으로 쓰지만 유럽에는 일/월/년이다. 하지만 글로 쓰면 혼돈이 완전히 해소가 된다.
- 수신자의 이름과 직책. 모르는 사람이고 남자이면 Mr.를 사용하고 여성인 경우에는 결혼여부가 확실하지 않으면 Ms. 상대방을 알고 Miss 또는 Mrs.에 대한 선호도가 확실할 때는 Miss 또는 Mrs.를 사용한다. 직책을 확실하게 알면 직책을 사용한다. 이름의 스펠링은 정확하게 써야 한다. 이름에 오타가 있으면 시작부터 몇 점 깎이게 된다. 그리고 '이름과 성' 순서로 쓴다. 예를 들어, Ms. Harriet Richards.
- 수신자의 주소. 이름 바로 밑에 주소를 쓴다. 편지봉투에 쓰는 것처럼 우편번호까지 정확하게 쓴다.
- 종결. 편지 본론을 쓴 다음에는 마무리를 해야 하는데 제일 간단한 것은 Sincerely,와 같은 표현이 있고 그 외에는 Cordially, Regards, Truly, Respectfully 등이 있다.
- 서명. 서명 없이는 공신력이 전혀 없고 마치 대량우편물의 기분을 느끼게 하기 때문에 서명이 꼭 있어야 한다. 서양에서는 법적인 문서에는 모두 서명을 하게 되어 있다.
- 이름. 많은 경우에는 서명된 이름이 알아보기 힘들기 때문에 서명된 이름 바로 밑에 이름이 표시 되어 있다.
- 직책. 이름 밑에는 직책이 있다. 하지만 레터헤드에 회사명 등이 있기 때문에 직책 밑에 회사명을 다시 표시할 필요는 없다.

예 1) 일반적인 편지

A B C Co.
123 Happy dong
Kangnamku, Seoul, Korea
Tel. (822) 123-4567
Fax. (822) 123-8900
e-mail: abcco@email.com

September 1, 2008

President Robert Taylor
46 East Street
New York, New York 54321

Dear President Taylor,

I appreciate your inquiry as to whether we were interested in finding a partner to do business with in other Asian markets. At this time, we are not interested in expanding because we are in the process of restructuring our company. However, I will certainly keep your proposal in mind when the time comes that we do decide to expand.

I wish you the best of luck in your search for a partner.

Sincerely,

(signature)

Kim, Chulsoo
Managing Director

예 2) 약속하기

A B C Co.
123 Happy dong
Kangnamku, Seoul, Korea
Tel. (822) 123-4567
Fax. (822) 123-8900
e-mail: abcco@email.com

September 1, 2008

Mr. Robert Taylor
46 East Street
New York, New York 54321

Dear Mr. Taylor,

We met briefly last year in Las Vegas at the CES show. The company I work for was exhibiting hand-held game devices. I was in the booth when you visited and asked about the variety of games that were currently available.

I will be attending the CES show again this year. I was hoping you might also be attending and have time to meet with me for about an hour so that I can bring you up-to-date on new developments we have made. I will be at the show for the duration and have a flexible schedule.

I look forward to hearing from you.

Sincerely,
(Signature)
Kim, Chulsoo
Managing Director

예 3) 초청에 응하기

A B C Co.
123 Happy dong
Kangnamku, Seoul, Korea
Tel. (822) 123-4567
Fax. (822) 123-8900
e-mail: abcco@email.com

September 1, 2008

Mr. Robert Taylor
46 East Street
New York, New York 54321

Dear Mr. Taylor,

Thank you for your invitation to visit your company and plant on October 3-6, 2008.

Mr. Lee, S.Y. and I accept your invitation to visit your company and plant to learn more about your company and products. Your company is well known in Korea for the quality of its products and we will be pleased to discuss possible distribution agreements with you, after our visit.

We will contact you once our travel arrangements have been finalized. We look forward to meeting you.

Sincerely,
(Signature)
Kim, Chulsoo
Managing Director

예 4) 감사 편지

A B C Co.
123 Happy dong
Kangnamku, Seoul, Korea
Tel. (822) 123-4567
Fax. (822) 123-8900
e-mail: abcco@email.com

September 1, 2008

Mr. Robert Taylor
46 East Street
New York, New York 54321

Dear Mr. Taylor,

Thank you for the hospitality you extended while Mr. Lee and I were visiting recently. We were thoroughly impressed by the tour of your plant, especially the cost-efficient and hi-tech equipment. We were particularly impressed with the quality control that took place throughout the entire process.

All of your employees were extremely courteous and willingly explained all the various functions and answered all our questions. The quality of your workforce could be seen by the pride they took in their work and the quality of your products.

I plan to meet with our production team before the end of this week to discuss our trip. We will inform you of any contract changes within 10 days.

Please thank your staff for all the courtesy extended to us. We look forward to speaking with you again soon.

Sincerely,
(Signature)
Kim, Chulsoo
Managing Director

예 5) 수입 요청

A B C Co.
123 Happy dong
Kangnamku, Seoul, Korea
Tel. (822) 123-4567
Fax. (822) 123-8900
e-mail: abcco@email.com

September 1, 2008

Mr. Robert Taylor
46 East Street
New York, New York 54321

Dear Mr. Taylor,

I would like to learn more about the opportunities for becoming an importer of your mixer. My company, ABC Co., is the premier importer for home electronic products and we feel that expanding our line of products to include VITA life mixer will provide a wider range of equipment to our existing customers as well as attract new prospects.

Please provide me with information concerning your price scale, minimums, if required, terms and conditions and any information on duties and taxes. As I have not done business with your country before, I would appreciate any recommendation you may have for brokers and air cargo expeditors.

A brochure with information regarding our company and current product line is included. I look forward to hearing from you at your earliest convenience.

Sincerely,
(Signature)
Kim, Chulsoo
Managing Director

예 6) 방문 요청하기

A B C Co.
123 Happy dong
Kangnamku, Seoul, Korea
Tel. (822) 123-4567
Fax. (822) 123-8900
e-mail: abcco@email.com

September 1, 2008

Mr. Robert Taylor
46 East Street
New York, New York 54321

Dear Mr. Taylor,

Our company has been in business since 1988 and Mr. Lee, S.Y. and I will be visiting your country from October 15 through 25. We would like to arrange a meeting with you for the purpose of visiting your manufacturing plant. The type of manufacturing process you are using is of particular interest to us, as we hope to use a similar process for our products.

Our agent, HIJ Co., will contact you next week to confirm a more specific date and itinerary for our visit. We look forward to meeting you and learning more about your company, as well as to your favorable response.

Sincerely,
(Signature)
Kim, Chulsoo
Managing Director

2) 이메일의 기본

최근에는 공식적인 편지보다 이메일을 더 많이 사용하는 경향이 있는데 편지보다 이메일은 더 빨리 쓰게 되고 형식에 얽매이지 않기 때문에 오히려 실수를 더 많이 할 수 있다. 친구 사이에서는 오타, 문법적인 실수 등이 있어도 큰 문제가 안 되지만 비즈니스에서는 안 좋은 인상을 줄 수 있다.

① 이메일 에티켓

- '보내기' 단추를 누르기 전에 여러 번 읽어본다. 오타가 있는지 확인하고 받는이 칸에 이름과 주소를 정확하게 입력했는지 확인한다.
- 중요하거나 기밀의 내용은 이메일로 보내지 않는다.
- 영어로 쓸 때는 모두 대문자를 사용하지 않는다. 이메일을 쓸 때 대문자를 사용하는 것은 소리 지르는 것과 같기 때문에 상대방이 기분 나빠질 수 있다.
- 여러 사람한테 보낸 이메일을 답장 할 때 단순 답장인지 전체 답장인지 확실하게 한다.
- 가능하면 첨부파일을 사용하지 않는다. 첨부파일을 열기 위해 또 한 단계의 작업이 생긴다는 것을 염두에 둬야 하고 또 회사마다 컴퓨터 시스템이 다르기 때문에 첨부파일을 열지 못하는 경우가 있을 수 있다.

To: Peter Hill
cc: (blank)
Subject: Our meeting

Dear Peter,
Thanks for meeting with me yesterday to talk about our project.

As we discussed you will:
- reexamine the proposal and send me the final copy by next week
- include the before and after pictures we mentioned
- include a design on the front cover

For my part, I will check with our production people to see what the production schedule is like.

Thanks, Peter.

Sincerely,
(your name)

② 제목을 확실하게 쓴다.

많은 사람들이 하루에 이메일을 수십 통 받는다. Important! Read Immediately! Urgent! FYI (For your information) 등과 같은 제목은 스팸인줄 알고 안 읽을 수 있다. 또는 Meeting과 같은 일반적인 제목을 달게 되면 하루의 여러 회의가 있는 사람한테는 별 도움이 안 된다. Participants for Nov. 12 meeting이라고 하면 참석자가 누군지 궁금하기 때문에 이메일을 읽게 된다.

한 동안은 "The file you requested"이라는 제목으로 돌았던 바이러스가 있었다. 너무나 흔한 일이기 때문에 많은 사람들이 무엇인지도 모르고 이메일을 열어서 낭패를 본 일이 많다. 그러기 때문에 제목은 간략하면서 정확해야 한다.

③ 이메일은 간략하게 쓴다.

빽빽이 쓰여진 이메일을 받으면 일단은 답답하다. 읽어야 할지 말아야 할지 망설이게 된다. 이메일을 읽으면서 여러 번 스크롤링을 해야 한다면 작성한 내용을 다시 생각해보는 것이 바람직하다. 만약에 진짜로 많은 내용을 전달해야 하면 불릿을 써서 시각적으로 덜 부담스럽게 하는 것이 바람직하다.

④ 일반적인 글자체와 크기를 사용한다.

때에 따라 강조하기 위해 다른 글자체를 사용할 수 있지만 서체가 지원되지 않으면 오히려 글씨가 깨질 수 있기 때문에 안 쓰는 것이 좋다. 꼭 강조하고 싶으면 별표를 이용하는 방법이 있다. 예를 들어, *tomorrow*라고 할 수 있지만 이것도 안 쓰는 것이 좋다. 모두 대문자를 사용하면 소리지르는 것으로 여겨지기 때문에 상대방이 기분 나쁘게 느낄 것이다.

⑤ 언제 보낼지 잘 생각한다.

대부분의 경우에는 월요일 아침에는 지난 금요일부터 밀렸던 이메일, 편지, 전화 등을 처리해야 하기 때문에 만약에 그때 도착한 이메일이면 신경 써서 보지 않을 수가 있다.

3 효과적으로 글쓰기

나라마다 다소 다르지만 영어의 경우에는 간단 명료하게 쓰는 것이 관건이다. 쓰기 전에 정확하게 목표를 생각해야 하고 단어 선택에 있어서는 짧은 단어가 더 좋고 문장들은 짧고 간단한 문장들이 효과가 좋다. 전체적인 말투는 자연스러운 것이 이해하기 더 쉽고 가능하면 부정보다 긍정적으로 표현하는 것이 더 좋다.

A. 비즈니스 영어에 상투적인 표현들이 많이 있지만 다음과 같은 표현들은 가능하면 자제하는 것이 바람직하다.

- according to our records
- after careful consideration
- any further action
- as you are aware
- at your earliest convenience
- detailed information
- enclosed for your information
- for your convenience
- further to
- in receipt of
- on receipt of
- please do not hesitate to
- please find enclosed
- please forward
- trust this is satisfactory
- under separate cover
- upon receipt of
- urgent attention
- we acknowledge receipt
- we regret to advise

B. 돌려서 말하기 보다 직설적으로 하는 것이 더욱 더 명확하게 읽힌다.

예를 들어,

- Please be advised ⇒ I'd like to explain

- I wish to inform you ⇒ Let me explain
- Our address records have been amended ⇒ We've changed your address in our records.
- The company policy is ... ⇒ Our policy is ...
- **Original:**
  We trust this is satisfactory, but should you have any further questions please do not hesitate to contact us.
  ⇒ **Redraft:**
  We hope you are happy with this arrangement but if you have any questions, please contact us.
- **Original:**
  Further to your recent communication. Please find enclosed the requested quotation…
  ⇒ **Redraft:**
  Thank you for contacting us. I enclose the quotation you asked for…

C. 질문으로 의사를 확실하게

- **Original:** We would appreciate your advising us whether you want to continue this account or transfer it.
  Redraft: Do you want to continue your account or transfer it?

- **Original:** Please inform us whether payment against these receipts will be in order.
  Redraft: Can we pay against these receipts?

D. 수동태는 능동태보다 문장이 길어지고, 애매모호하고 무겁게 느껴진다. 능동태를 이용한 글은 더 간단하고, 명확하게 이해하기 쉽다.

- **Passive:** It was agreed by the committee...
  ⇒ **Active:** The committee agreed...
- **Passive:** At the last meeting a report was made by the Secretary...
  ⇒ **Active:** At the last meeting the Secretary reported...
- **Passive:** This form should be signed and should be returned to me.
  ⇒ **Active:** You should sign the form and return it to me.
- **Passive:** The plant was visited by our sales team.
  ⇒ **Active**: Our sales team visited the plant.
- **Passive:** The following results were obtained.
  ⇒ **Active:** We obtained the following results.
- **Passive:** These instructions should be read before completing this form.
  ⇒ **Active:** Read these instructions before completing this form.

E. 긴 단어보다 짧은 단어를 사용하기

대단한 웅변가로 알려진 처칠 전 영국수상이 말하기를 "Short words are the best words, and old words, when they are short, are the best words of all." (짧은 단어가 최고의 단어이고, 그 중 오래된 짧은 단어가 으뜸이다.) 음절이 짧을수록 좋은 것이다!

Instead of this	Prefer this
Accordingly	So
Acquaint	Tell
Application	Use
Assistance	Help
Concerning	About
Consequently	So

Currently	Now
Dispatch	Send
Encounter	Meet
Fabricate	Build
Firstly	First
Forward	Send
Importantly	Important
Individuals	People
Inform	Tell
Partially	Partly
Peruse	Read
Presently	Soon*
Purchase	Buy
Regarding	About
Request	Ask
Streamlined	Shortened
Subsequently	Later
Sufficient	Enough
Terminate	End
Upon	On
Utilize	Use
Virtually	Almost

Note

* Be precise if you can: say when.
(Barrass, 2002:63)

F. 여러 단어보다 한 단어로

i)

Circumlocution	Prefer
Which goes under the name of	Called
In view of the fact that	Because
In spite of the fact that	Although
At that point in time	Then
On a regular basis	Regularly
With the exception of	Except
Bring to a conclusion	Finish

Arrive at a decision	Decide
Make adjustments to	Adjust
Of a reversible nature	Reversible
Take into consideration	Consider
Afford an opportunity to	Allow
The question as to whether	Whether
A smaller amount of	Less*
In the vicinity of	Near
By the same token	Similarly
At this precise moment in time	Now
Conduct an investigation	Investigate
Is not in a position to	Cannot
It goes without saying	Obviously
Try out	Try
Open up	Open
Check on	Check
Prior to	Before
A number of	Several
In all cases	Always
In most cases	Usually
A great deal of	Much*
In all other cases	Otherwise
Not infrequently	Often*
In the nature of	Like
In the event that	If
A small number of	Few*
A smaller number of	Fewer*
At the present time	Now
Up until	Until
Situated in	In
In connection with	About
Arrive at a decision	Decide
In this date and age	Now

Note

* If possible be precise. Say how many. Say how much. Say when. (Barras, 2002:74)

ii)

Circumlocution	Better English
You are in fact quite correct.	You are right.
Working towards a unanimous situation	Trying to agree
By any actual person in particular	By anyone in particular
We are currently making	We are making
For a further period of ten years	For another ten years
The roads were limited in mileage	There were few roads.
In the office situation	In offices
In the business environment	In business
I would have said	I think
In establishments of a workshop rather than a factory character	In workshops...
How we speak depends upon the speech communities we are actually operating in at the time.	How we speak depends on who we are with.
The committee was obviously cognizant of the problem.	The committee was aware of the problem.
Have a listen.	Listen.
More importantly	More important
Throughout the writing process	While you are writing
The negotiation process	The negotiations
Up until now	Until now
They are without any sanitary arrangements whatsoever.	They are without sanitation.

(Barrass, 2002: 73)

GLOBAL

제5부

협상용어와 관용구

NEGOTIATIONS

협상용어와 관용구 5부

A

- **Alternative –대안**
- **Approach – 접근방법**
- **At stake – something that can be gained or lost**
  (~에서) 얻거나 잃을 수 있는 것
  The pilots acted as if their lives were at stake.
  조종사들은 마치 자신의 목숨이 걸려있는 것처럼 행동했다.

B

- **To back down – to yield in one's position during negotiations, but not follow up on a threat**
  후퇴/철회/단념하다.
  The union backed down on its threat to go on strike.
  노조는 파업을 강행하겠다던 주장을 철회했다.

❑ **To back out (of something) – to get out of an agreement, to fail to keep a promise**

(어떤 일에서) 손을 떼다. 약속을 저버리다.

The school backed out of its plan to build a new playground.

학교 당국은 새 운동장을 만들겠다던 계획을 철회했다.

❑ **Balance of power – 힘의 균형**

❑ **The ball is in (someone's) court. – It is the decision of another person/group to do something.**

어떤 일을 하는데 있어 결정권이 ~에게 있다.

Since my lawyer has sent you my proposal, the ball is now in your court.

변호사가 이미 우리측 제안을 보냈으니, 이제 결정은 네게 달려있다.

❑ **Bargaining power – the power of one's position in the negotiation process**

협상과정에서 본인의 유리한 입장

❑ **To beat around the bush – to talk about something without giving a direct answer**

(직접적인 답을 피하며) 돌려서 얘기하다.

I waited for his answer, but he just beat around the bush.

그의 대답을 기다렸지만 그는 본론은 얘기하지 않고 빙빙 돌려 얘기했다.

❑ **To bog down – to slow to a stop**

지지부진하다 결국 중단되다. (교착상태에 빠지다)

The talks were bogged down over the issue of opening the rice market.

쌀 시장 개방 문제를 두고 회담은 결국 교착상태에 빠졌다.

❑ **Bone of contention – the subject or reason for a fight/dispute**
논쟁이나 분쟁의 대상 혹은 원인

Who would pay the difference was a bone of contention between the employers and the union.

어느 쪽에서 차액을 지불할 것인가 하는 문제가 사측과 노조측 간의 논쟁의 원인이었다.

❑ **Breach of contract – violation of a contract. 계약 위반**

❑ **To break down – to fail, to stop**
중단 혹은 결렬되다.

The negotiations broke down after one week of talks.

일주일 간의 협의 후에 협상은 결렬되었다.

❑ **To break off – to stop or end suddenly**
갑작스럽게 중단하다.

The union decided to break off the talks.

노조측은 협상을 즉시 중단하기로 결정했다.

❑ **Breakthrough – to be successful after overcoming a difficulty**
(난관의) 돌파, 타개, 큰 약진

The breakthrough came after weeks of wrangling over petty issues.

사소한 문제를 두고 수 주 간 논쟁을 벌이고 난 후에야 큰 진전을 볼 수 있었다.

❑ **To bring (something) off – to achieve something**
훌륭히 해내다. 성취하다.

We were finally able to bring off the deal after weeks of talks.

수 주 간 협상 끝에 마침내 그 거래를 성사시킬 수 있었다.

❑ **To bring (someone) to terms – to make someone agree or do something**

(~을 하도록) 설득시키다.

Though it seemed impossible at first, we were finally able to bring them to terms.

처음에는 불가능해 보였지만, 결국 그들이 우리 뜻에 따르도록 했다.

❑ **To bring up (something) – to begin a discussion about something, to mention something**

(안건/화제거리) 내놓다. 꺼내다. 언급하다.

The treasurer tried to bring up the discrepancy in the budget during the meeting.

재정 담당자는 회의 중에 예산 회계오류에 대해 언급하려 했다.

C

❑ **To call off (something) – to stop/quit/cancel something**

중단/중지/취소하다.

The meeting was called off because of the typhoon.

태풍으로 인해 회의가 취소되었다.

❑ **To call (someone's) bluff – to try to make someone prove that they can actually do what they say they can**

상대방의 말이 허풍이 아님을 증명해 보이도록 하다.

You should be prepared to act if someone calls your bluff.

누군가 네게 허풍이 아님을 증명하라고 하면 그럴 준비가 되어 있어야 한다.

- **To call the shots – to be in charge**

  지휘/명령/담당하다.

  He didn't say anything during the meeting, but you could tell that he was calling the shots.

  그는 회의 중에 아무런 말을 하지 않았지만, 그가 회의를 이끌어 나가고 있었다는 점을 알 수 있었을 것이다.

- **To cave in to (someone or something) – to weaken and be forced to give up**

  굴복/양보/포기하다.

  The government felt strongly that it shouldn't cave in to union demands.

  정부는 노조의 요구에 굴복해서는 안 된다고 생각했다.

- **To close a deal – to end a negotiation successfully**

  협상을 성공적으로 마무리하다.

  Both sides were happy to be able to close the deal.

  양측은 협상을 성공적으로 마무리할 수 있게 되어 만족했다.

- **To close ranks – to unite and fight together**

  단합해서 싸우다.

  It was easy to see that the union had decided to close ranks and not compromise.

  노조측이 단합하여 타협을 거부했다는 점을 쉽게 눈치챌 수 있었다.

- **Cold call – to make a call or visit without any prior contact**

  물건을 팔기 위해 임의로 방문/전화 하다.

- **To come back with an offer – to return to negotiations with a new offer**

  새로운 제안을 들고 협상에 다시 임하다.

  We were waiting for them to come back with a new offer.

  우리는 그들이 새로운 제안을 들고 재협상에 임하기를 기다리고 있었다.

- **To come down in price – to lower the price of one's product**

  제품의 가격을 낮추다.

  We felt that the best strategy would be to come down in price.

  우리는 가격을 낮추는 것이 최상의 전략이라고 느꼈다.

- **To come in low – to offer a lower amount of money for a product or service**

  (상품이나 서비스에 대해) 낮은 가격을 제시하다.

  They did not win the bid because the company came in low.

  그 회사가 낮은 가격을 제시했기 때문에 그들은 입찰을 따내지 못했다.

- **To come to terms – to reach an agreement**

  합의에 이르다.

  After weeks of negotiating, we finally came to terms on a new computer system.

  수 주 간의 협상 끝에, 마침내 새로운 컴퓨터 시스템에 합의했다.

- **To come up in a discussion – to become a subject in a discussion**

  논의의 대상이 되다. 논제로 거론되다.

  The issue of inspections did come up in the discussion but was not fully discussed.

  감사 문제가 논제로 거론되었지만, 논의를 완전히 매듭짓지는 못했다.

❑ **To come up with (an idea or something) – to produce or find a thought/idea/answer**

아이디어나 해답을 제시하거나 생각해내다.

We'll have to come up with at least three ideas for the next meeting.

우리는 다음 회의 때 논의할 안건을 최소한 세 가지는 생각해내야 할 것이다.

❑ **Common ground – shared beliefs or interests**

(신념, 논점, 상호 이해 등의) 공통 기반, 공통점.

It is important to find some common ground before beginning the talks.

협상을 시작하기 전에 상호간의 일치점 찾는 것이 중요하다.

❑ **Concession – 양보**

❑ **Contingency plan – 비상계획**

❑ **To continue down to the wire – to near a deadline, to have little time remaining**

마감시한에 가까운 / 거의 남은 시간이 없는

With both sides being so stubborn, we knew that the talks would continue down to the wire.

양 측 모두 각자의 입장만 고수했기 때문에, 우리는 마감 시한 직전까지 협상이 계속 될 것임을 알았다.

❑ **Counterpart – 상대방**

❑ **To cover ground – to talk about the important facts and details of something**

(어떤)범위를 다루다. (특정 문제를) 상세히 다루다.

With new members on the team who had to be debriefed, we were unable to cover much ground.

업무 보고를 해야 했던 새 직원들이 몇 있어서, 우리는 (일의) 많은 부분을 다루지는 못했다.

- **Crunch time – a short period when there's high pressure to achieve a result**
  성과를 내기 위해 고도의 긴장이 요구되는 때

- **To cut a deal – to make an agreement, to make a deal/arrangement**
  합의하다. 협정을 체결하다.
  We knew that we'd be able to cut a deal with the new union leader.
  우리는 신임 노조 대표와 합의에 도달할 수 있을 것이라고 직감했다.

- **To cut (someone) off – to stop someone from saying something, to interrupt someone**
  말하지 못하게 막다.
  My colleague cut me off before I could say anything.
  내 동료는 내가 뭔가를 말하기도 전에 내 말을 막았다.

D

- **Deadlock – 교착상태**
- **To dot your i's and cross your t's – to be very careful; to pay attention to details**
  아주 신중하게 혹은 아주 상세하게

- **Down to the wire – near a deadline, with little time remaining**
  마감 시한에 임박하여, 남은 시간이 거의 없는
  It was down to the wire but neither side would budge.
  남은 시간이 거의 없었지만, 어느 쪽도 양보하려 하지 않았다.

❑ **To drag on – to be prolonged, to continue for a long time**
지루하게 계속하다. 오래끌다.

The talks between labor and management dragged on until the summer.
노조와 경영진 간의 협상은 여름까지 지지부진하게 이어졌다.

❑ **To drag one's heels – to act slowly or reluctantly**
(일부러) 늑장부리다. 꾸물거리다.

The union knew that if it dragged its heels, management would eventually give in.
노조측은 자신들이 의도적으로 시간을 끈다면, 사측이 결국 자신들의 요구를 들어줄 것이라는 것을 알고 있었다.

❑ **To draw the line – to set a limit about what will be done or discussed**
한계/제한을 두다.

Management was willing to talk about overtime, but they drew the line at health insurance.
경영진은 초과 근무 수당에 대해서는 협상할 의향이 있었으나, 의료 보험 문제에 있어서는 분명하게 선을 그었다.

❑ **To draw up (something) – to put something (a contract or a plan) in writing**
(계약이나 계획 등을) 서면으로 작성하다.

I'll have my lawyers draw up an agreement for you to look at.
귀하께서 살펴볼 수 있도록, 제 변호사들에게 계약서를 작성하게 하겠습니다.

❑ **To drive a hard bargain – to bargain hard and try to make an agreement to one's advantage 유리한 조건으로 거래(흥정)하다.**

You drive a hard bargain, but it's a fair agreement.
당신 쪽에 유리하게 거래하려고 하시는군요, 하지만, 그 거래는 공정한 건입니다.

- **To drive at (something) – to mean something, to want to say something (무언가를)의미하다. 말하려고 하다.**

  I can't understand what you're driving at.

  네가 무슨 말을 하려고 하는지 이해할 수 없다.

F

- **To face down (someone) – to confront someone boldly 위압하다.**

  The French government was successful in facing down the transportation workers.

  프랑스 정부는 운송 노조 조합원들을 성공적으로 진압했다.

- **To face the music – to admit that there's a problem; to deal with an unpleasant situation realistically**

  현실을 직시하고 대책을 세우다, 의연히 난국에 대처하다.

- **Fait accompli (불어)기정사실**

- **To fall through – to fail, to be ruined, to not happen 실패로 끝나다. 수포로 돌아가다.**

  We do not want this deal to fall through.

  우리는 이번 거래가 수포로 돌아가길 바라지 않는다.

- **To fast track a project – to make a project a high priority; to speed up the time frame of a project**

  우선적으로 추진하다

- **Fifty-fifty – equally, evenly 반반, 등분.**

  Any losses will be shared, fifty-fifty.

  양측은 모든 손실을 절반씩 부담할 것이다.

❑ **Final offer – last offer before breaking off negotiations 협상 결렬 직전까지의 마지막 제안**

❑ **To follow through on/with (something) – to finish an action, to keep a promise 동작을 마무리하다. 완수하다. 약속을 지키다.**

I think we're all satisfied with our agreement, but we have to ensure that we all follow through with our promises.

우리 모두는 합의 사항에 대해 만족스러워합니다. 하지만 우리 모두 합의한 바를 반드시 이행해야 합니다.

❑ **To force (someone's) hand – to make someone do something that they do not want to do at that time 남에게 억지로 시키다.**

Sometimes you have to force the hand of your counterpart in order to reach a conclusion.

결론에 도달하기 위해서 종종 상대방에게 강요해야 할 때가 있다.

❑ **Force majeure (라틴 표현) 불가항력**

G

❑ **To get behind (a person or idea) – to support a person or idea 후원/지지하다.**

How many people are behind this proposal?

몇 사람이 이번 제안을 지지하나요?

❑ **To get down to brass tacks – to begin the work or business that must be done 당면문제를 다루다.**

Now that we've finished the introductions, I think that we can get down to brass tacks.

소개를 끝냈으니, 이제 본격적으로 문제를 논의할 수 있을 것이다.

- **To get down to business – to start working or doing the business at hand 본격적으로 일에 착수하다.**
  Once we started to get down to business, we managed to finish quickly.
  본격적으로 일에 착수한 후, 일을 신속히 마무리할 수 있었다.

- **To get in on the ground floor – to get involved in a business opportunity in the beginning 비즈니스 기회의 초기부터 참여하다.**
  I told him that this was a good opportunity and that he should get in on the ground floor but he was afraid of the risk.
  좋은 기회라서 초기부터 참여하라고 했는데 위험부담이 걱정돼서 참여하지 않았다.

- **To get the ball rolling – to start an activity or action 일을 시작하다.**
  We can get the ball rolling once the president comes.
  사장님께서 오시면, 일을 시작할 수 있다.

- **To get the message – to understand clearly what is meant by someone 의도하는 바를 명확히 이해하다.**
  I got the message the first time.
  나는 단번에 의미를 확실히 이해했다.

- **To get to first base – to make a good start, to succeed 순조로운 출발을 하다. 성공하다.**
  It's important that we get to first base during this visit.
  이번 방문을 통해 순조로운 출발을 하는 것이 중요하다.

- **To get to the bottom of (something) – to find out the real cause of something 진상을 규명하다.**
  We tried to get to the bottom of the rumor but we couldn't find the source.
  소문의 진상을 파악하려고 애썼지만, 소문의 근원을 찾을 수가 없었다.

- **To get to the heart of (something) – to find the most important facts or central meaning of something 핵심을 파악하다.**

  After talking to him privately, I was able to get to the heart of the matter.

  그와 개인적으로 얘기를 나눈 후, 문제의 핵심을 파악할 수 있었다.

- **To give a little – to compromise during a negotiation 협상 중에 타협하다.**

  I think they finally realized that they had to give a little in order to reach an agreement.

  합의에 도달하기 위해서 타협해야 함을 그들도 결국 깨달았다고 생각한다.

- **Give and take – to share, to give up part of what you want in order to make an agreement (공평한 조건에서의) 타협, 양보, 교환**

  All negotiations are a matter of give and take.

  모든 협상은 상호 간의 양보의 문제이다.

  cf. you scratch my back, I'll scratch yours.

  참고) 내 등을 긁어주면, 네 등을 긁어줄 것이다.(상부상조의 의미)

- **To give ground – to move back or retreat from one's position 퇴각/양보 하다.**

  Each side wanted the other to give ground and so we were at an impasse.

  서로 상대방이 양보하기를 바랐기 때문에, 협상이 난관에 봉착했다.

- **To give in to (someone) – to do what another person wants rather than to fight and argue against him or her**
  굴복하다. 따르다.

The union had no choice but to give in when management hired temporary workers.
경영진이 임시 노동자를 고용했을 때, 노조는 별 도리 없이 따를 수 밖에 없었다.

❑ **To go back on your word – to not be faithful or loyal to one's word or an agreement**
약속을 지키지 않다.
There's always the possibility that they'll go back on their promise.
그들이 약속을 지키지 않을 가능성은 항상 존재한다.

❑ **To go back to square one – to go back to the beginning**
원점으로 돌아가 다시 시작하다.
When the president rejected the offer, we had to go back to square one.
사장이 그 제안을 거부했을 때, 우리는 원점으로 돌아가 다시 시작해야 했다.

❑ **To go back to the drawing board – to go back and start something from the beginning**
처음부터 다시 하다.
If you don't like this proposal, I'll go back to the drawing board.
이번 제안에 만족하지 않으신다면, 처음부터 다시 준비할 것입니다.

❑ **To go down to the wire – to near a deadline, to have little time remaining**
막바지에, 마지막에
There was an impasse, but when it got down to the wire, each side gave in a little bit to get the negotiations moving again.
협상이 난항을 겪기는 했으나, 양 측은 막바지에 어느 정도 양보함으로써 협상을 이어나갔다.

❑ **To go for broke – to risk everything on one big effort, to try as hard possible**

모든 것을 걸다.

There's no need to go for broke since we still have some time.

아직 시간이 좀 있으니, 모든 것을 걸 필요는 없다.

❑ **To go over like a lead balloon – to fail to generate a positive response**

긍정적인 반응을 얻지 못하다.

My proposal went over like a lead balloon at the board meeting.

내 제안은 이사회에서 긍정적인 반응을 얻지 못했다.

❑ **To go over well – to be liked or successful**

긍정적인 평가를 받다 혹은 (일이) 잘 되다.

My proposal to scrap overtime went over well with management.

초과 근무를 없애자는 나의 제안은 경영진들 사이에서 긍정적인 평가를 받았다.

H

❑ **To hammer out (an agreement or a deal) – to negotiate a deal or agreement by discussion and debate**

협상을 통해 거래를 성사시키다.

If we can hammer out this deal, the subsequent deals will be much easier.

우리가 이번 거래를 잘 성사시킨다면, 향후 거래는 훨씬 수월할 것입니다.

- **To hang in the balance – to have two equally possible results, to be uncertain**

  어느쪽으로도 결론 나지 않다. (미결이다.)

  The election is hanging in the balance and will therefore have to be decided by the absentee votes.

  선거 결과는 알 수 없기 때문에, 부재자 투표 결과에 따라 결정되어야 할 것이다.

- **Hard-nosed - to be very strict, to be stubborn, to be uncompromising**

  고집 센, 비타협적인

  He's famous for being a hard-nosed negotiator, but once you get to know him, you'll find that he's very reasonable.

  그는 비타협적인 협상 상대로 정평이 나 있지만, 일단 그를 알게 되면 그가 상당히 합리적인 사람이라는 것을 알 수 있을 것이다.

- **(The) hard sell – an aggressive way of selling**

  강매

- **To have a card up one's sleeve – to hide something of value**

  비장의 카드를 숨기고 있다.

  It's always helpful to have a card up your sleeve just in case you're caught in a corner.

  어려운 상황에 처할 때를 대비해 비장의 카드를 갖추고 있는 것은 항상 유익하다.

- **To have a lot on one's plate – to have a lot to do; to have too much to do; to have too much to cope with**

  할 일이 많은

❑ **To have a poker face – to not show any reaction or emotion**
감정을 숨기다.
Westerners tend to think that Asians have a poker face, but it's just because they can't read the signs.
서양인들은 동양인들이 감정을 잘 드러내지 않는다고 생각하는 경향이 있으나, 그것은 단지 그들이 동양인들의 감정을 잘 읽지 못하기 때문이다.

❑ **To have connections – to know people who can help you**
인맥 있다.
In Asia, it helps to have connections.
아시아에서는 인맥이 있는 것이 도움이 된다.

❑ **To have the upper hand – to be in an advantageous position**
우위를 점하다.
Once he knew about our financial situation, he had the upper hand.
그가 우리의 재정 상황을 파악한 후로는, 그가 우위를 점하게 되었다.

❑ **To hold all the aces/cards/trumps – to have all the advantages**
압도적으로 유리한 입장에 있다.
Even if you hold all the aces, it's not always easy to get everything that you want in a negotiation.
압도적으로 유리한 상황에 있더라도, 협상에서 원하는 모든 것을 얻는 것은 쉽지 않다.

❑ **To hold out for (something) – to keep resisting or refuse to give up until you get the desired results**
끝까지(강경히) 요구하다.

He wasn't happy with the salary raise and was holding out for health benefits as well.
그는 임금 인상에 만족하지 않았을 뿐 아니라, 의료보험 혜택 또한 강경히 요구했다.

❑ **To hold out on (someone) – to refuse information or something to someone who has a right to it**
(~에게) 비밀로 하다. 알리지 않다.
He has a tendency to hold out on his own team members in order to get the credit for any successes.
성과에 대한 공로를 인정받기 위해 그는 자신의 팀원들에게조차 정보를 주지 않는다.

❑ **To horse-trade – to make a business agreement/deal after careful bargaining and compromise**
신중하게 거래/협상하다.
After weeks of horse-trading, both sides were happy with the agreement.
수 주 간의 신중한 협상 끝에, 양 측은 모두 그 협정에 만족했다.

I

❑ **In good faith – with good or sincere motives 선의의, 성실히**

❑ **In the bag – to be certain 확실히**
Since we have the lowest bid, I think that this contract is in the bag.
우리가 가장 낮은 입찰가를 제시했으므로, 이번 계약은 확실히 우리가 따낼 것이다.

☐ **To iron (something) out – to solve a problem**

문제를 해결하다.

We just have to iron out the wording of the contract and then we'll be finished.

계약 내용의 표현상의 문제만 해결하면 계약을 완전히 마무리 할 수 있을 것이다.

J

☐ **To jump through hoops – to go through a lot of difficult work for something; to face many bureaucratic obstacles**

매우 어렵게 일을 해내다.

K

☐ **To keep something under wraps – to keep something secret; to not let anybody know about a new project or plan**

비밀로 하다 혹은 어떤 프로젝트를 모르게 진행하다.

☐ **To knock down the price of (something) – to decrease a price**

가격을 인하하다.

The company decided to knock down the price of its products in order to reduce inventory.

그 회사는 재고를 줄이기 위해서 자사 제품의 가격을 인하하기로 결정했다.

L

☐ **To lay (or put) one's cards on the table – to be open and honest about one's intentions**

의중/의도를 밝히다.

If you're going to lay your cards on the table, be sure that the other side will be receptive to your proposal.
의도를 솔직히 밝힐 생각이라면, 상대방이 너의 제안을 잘 수용할 수 있도록 해라.

- **Leeway – 여유, 여지** (때에 따라 권한)

- **Limp fish (or dead fish) – weak handshake 힘 없는 악수**

M

- **To make an offer – to make a financial or other proposal for a product or service**
  제안하다.
  I made him an offer and I'm waiting for him to respond.
  나는 그에게 제안했고, 현재 그의 답을 기다리는 중이다.

- **To make headway – to make progress**
  진전되다. 진척되다.
  I knew that we'd be able to make headway with the new president.
  신임 사장 하에서는 우리가 진전을 이룰 줄 알고 있었다.

- **Mediation – situation in which a third party helps reach an agreement**
  조정, 중개, 중재 (사람은 mediator)

- **To meet (someone) halfway – to compromise with someone**
  (~와) 타협하다.

Once he realized that I'd be willing to meet him halfway, we were able to reach a satisfactory price.
내가 그와 타협할 의향이 있다는 점을 그가 인식했을 때, 우리는 만족스런 가격에 합의할 수 있었다.

- ❑ **To misrepresent the facts – 사실을 호도하다 (대부분의 경우에는 고의적으로)**

- ❑ **Mutually beneficial – 호혜적인**

N

- ❑ **To nail (something) down – to make certain or sure**
확실히/분명히 하다.
We nailed down the agreement in no time at all.
우리는 즉시 합의를 도출할 수 있었다.

- ❑ **Nothing ventured, nothing gained. – If you do not try do to something, you will never succeed.**
모험없이 얻을 수 있는 것은 없다.(호랑이 굴에 가야 호랑이를 잡는다.)

O

- ❑ **Off the record – to be not published or revealed, to be a secret**
비공식의, 비공개로, 비밀로.
If the media is present, you can't always be certain that what you say will be kept off the record.
미디어 관계자가 동석하고 있다면, 네 말이 비밀로 지켜질 지는 확신할 수 없다.

- ❑ Optimal – **최선의, 최상의**

P

- ❑ **To paint oneself into a corner – to get into a bad situation that is difficult or impossible to escape**

  스스로를 궁지에 몰아넣다.

  With that concession, you have really painted yourself into a corner.

  그와 같은 양보를 함으로써, 너 스스로를 궁지에 몰아넣은 꼴이 되었다.

- ❑ **To pass the buck – to shift the blame, to blame someone else**

  책임을 전가하다.

- ❑ **To play hardball (with someone) – to act strong and aggressive with someone**

  공격적인(강경한) 태도를 취하다.

  You can expect them to play hardball when it comes to opening their market.

  시장 개방에 있어, 그들이 강경한 태도를 취할 것이라는 것은 쉽게 예상할 수 있다.

- ❑ **To play into (someone's) hands – to do something that another person can use against you**

  (~에게) 이로운 행동을 하다. (~의) 술수에 넘어가다.

  If you get angry, you are playing into their hands.

  화를 낸다면 너는 그들의 술수에 넘어가는 것이다.

- ❑ **To play one's ace – to use one's best resource, to use all of one's power**

  비장의 카드를 쓰다.

I played my ace when I told them about my previous experience in the industry.

그 업계에서의 내 경력을 그에게 얘기했을 때, 나는 비장의 카드를 쓴 것이었다.

- **To play one's cards close to one's chest - to be secretive and cautious about something**

  은밀히(비밀로) 하다.

  He played his cards close to his chest because he'd heard some negative things about them.

  그는 그들에 관한 좋지 않은 얘기를 들었기 때문에, 은밀히 일을 진행했다.

- **Pointless - 무의미한**

- **To pull (something) off - to succeed in doing something difficult or impossible**

  훌륭히 해내다.

  He was able to pull off the contract because he was well-prepared.

  그는 충분히 준비가 되어 있었기 때문에 성공적으로 계약을 체결할 수 있었다.

- **To pull one's weight - to do one's share of work**

  맡은 바 책임을 다하다

- **To pull (something) out of a hat - to get something as if by magic, to invent something, to imagine something**

  (마술처럼) 마음대로 만들어내다.

  He pulled the solution out of a hat and both sides were happy.

  그는 마술처럼 해결책을 제시했고, 양측 모두 만족했다.

❑ **To pull the plug – to stop something, to discontinue (usually because it's not going well)**
중단하다. 그만두다.

R

❑ **to raise the ante[ǽnti] or to up the ante – to increase what is at stake or under discussion in a dispute or conflict**
(협상에 포함된 내용)을 확대하다.
We raised the ante and proposed the inclusion of trucks to our agreement.
우리는 협상 내용을 확대하여 트럭도 협상에 포함시키자고 제안했다.

❑ **A raw deal – treatment that is not fair 부당한 처사**
The reason why he's so tough is because he got a raw deal at his last company.
그가 그처럼 완강한 이유는 전 직장에서 부당한 대우를 받았기 때문이다.

❑ **To reach a stalemate – to arrive at a position where no progress is being made 교착상태에 이르다.**
We decided to postpone the talks when they reached a stalemate.
우리는 협상이 교착상태에 이르렀을 때, 협상을 연기하기로 결정했다.

❑ **To read between the lines – to understand the meaning of something by guessing what is not said**
행간을 읽다. 말 속의 숨은 뜻을 읽다.
I read between the lines and knew that he did not have the final say on the contract.
나는 그의 말 속의 숨은 뜻을 읽었고, 그가 그 계약에 있어 최종 결정권을 갖고 있지 않다는 것을 알 수 있었다.

- **Reality check – to look at the situation realistically (usually used to make the other party realize that what has just been suggested is not practical or logical)**
  현실 직시(현실 점검)

- **Rock-bottom offer – the lowest price that one can offer to buy something**
  최저가
  He said that it was his rock-bottom offer, but then came back with a better one.
  그는 그 가격이 그가 제시할 수 있는 최저가라고 얘기했으나, 결국 더 낮은 가격을 제시했다.

S

- **A setback – a delay or handicap**
  역행, 퇴보, 후퇴
  This is just a temporary setback that will not affect the outcome of these talks.
  이번 일은 단순히 일시적인 퇴보일 뿐, 이번 회담의 결과에는 영향을 미치지 않을 것이다.

- **To smooth (something) over – to make something seem better or more pleasant**
  실제 상황(상태)보다 좋은 것처럼 보이게 하다.
  Talking it over a drink will help smooth over many problems.
  술을 마시면서 얘기하면, 많은 문제를 생각보다 심각하지 않은 것처럼 여기게 된다.

❑ **To sound out – to ask questions to get another person's ideas about something 어떤 문제에 대해 다른 사람 의견을 얻기 위해 질문하다.**

I tried to sound out Tom about the new plan for the company.

회사의 새로운 계획에 대해 탐의 의견을 얻기 위해 질문을 했다.

❑ **To stack the deck (of cards) against (someone) – to trick someone, to arrange things unfairly**

속이다. 속임수를 쓰다.

We knew that they had stacked the deck against us.

우리는 그들이 우리에게 속임수를 썼다는 사실을 알았다.

❑ **To stand one's ground – to maintain and defend one's position 입장/주장을 고수하다.**

We had to stand our ground because it was a matter of principle.

그것은 원칙의 문제였기 때문에, 우리의 입장을 고수했다.

❑ **To start the ball rolling – to start/begin an activity or action 일을 시작하다.**

I think that a courtesy visit will start the ball rolling.

예방을 시작으로 일이 진행될 것이다.

❑ **To stick to one's guns – to defend an action or opinion despite an unfavorable reaction 입장/주장을 고수하다.**

The transportation workers stuck to their guns even though public opinion had turned against them.

비록 여론이 그들에게 불리했지만, 운송 노동자들은 자신들의 주장을 굽히지 않았다.

T

- **To take sides – to join one group against another in a debate or quarrel**
  편들다.
  The mediator should not take sides.
  중재자는 어느 한 쪽의 편을 들어서는 안 된다.

- **To talk (someone) into (something) – to get someone to agree to something, to persuade someone to do something**
  ~을 설득하여 ~시키다.
  She was able to talk the members into flying to the venue at their own expense.
  그녀는 회원들이 자비로 회의 장소로 가도록 설득할 수 있었다.

- **To talk (someone) out of (something) – to persuade someone not to do something**
  ~을 설득하여 단념시키다.
  I was able to talk him out of joining the cult.
  나는 그가 그 종교집단에 합류하지 않도록 설득할 수 있었다.

- **To talk (something) over – to discuss something**
  의논/논의하다.
  I'll need some time to talk the proposal over with my people back home.
  그 제안에 대해 우리측 사람들과 논의할 시간이 필요할 것입니다.

- **To talk turkey – to be blunt, frank**
  솔직하게 사실 그대로 얘기하다.

I talked turkey and told them that that was my final offer.
나는 그것이 마지막 제안이라고 그들에게 솔직히 밝혔다.

- **To throw (someone) a curve – to mislead or deceive someone**
  속이다.
  They threw us a curve when they said they wouldn't renew their contract with us.
  그들은 우리와 재계약 하지 않겠다고 말하며 우리를 속였다.

- **To throw cold water over an idea/a plan – to discourage**
  찬 물을 끼얹다.

- **To the letter – exactly, nothing done wrong or left undone, perfectly**
  정확히, 엄밀히
  He followed the instructions to the letter.
  그는 정확히 지시대로 따랐다.

- **Trump card – something that is kept back to be used to win if nothing else works**
  비장의 카드
  We made those concessions because we knew that we had a trump card that we'd use at the end.
  우리는 최후에 사용할 비장의 카드가 있다는 것을 알았기 때문에 그와 같이 양보했다.

- **To turn a blind eye to – to pretend not to notice**
  모르는 척하다.

The company turned a blind eye to all the reports.
회사가 보고서를 모르는 척 했다.

❑ **To turn thumbs down on (something) – to reject something**
거절/거부하다.
They turned thumbs down on our proposal.
그들은 우리의 제안을 거부했다.

U

❑ **Ultimatum 최후의 통첩**

❑ **Under the wire – at the very last moment**
마지막 순간에
Parliament ratified the agreement right under the wire.
의회는 마감 시한 직전에 협정을 비준했다.

❑ **To undercut (someone) – to sell your product for less than a competitor**
경쟁자보다 저렴한 가격으로 판매하다.
The secret to their success is that they undercut all their competitors.
그들의 성공 비결은 경쟁자보다 저렴한 가격으로 제품을 판매한다는 것이다.

W

❑ **To water (something) down – to change and make something weaker**
(내용을) 완화하여 표현하다. (효과를)약화시키다.
They tried to water down the proposal and pass it off as a better version.
그들은 계획안의 내용을 약화시킴으로써 개선된 안인 것처럼 보이려 했다.

❑ **To wear somebody out – to tire somebody.**

지치게 만들다.

The marathon meetings wore me out.

긴 회의 때문에 지쳤다.

❑ **To wheel and deal – to negotiate, to buy and sell something**

(장사) 수완을 발휘하다.

The car salesman was so good that nobody felt that he was wheeling and dealing.

그 자동차 세일즈맨은 수완이 워낙 좋아서 아무도 그가 차를 팔기 위해 술수를 부린다고 느끼지 않았다.

❑ **To wind up – to end, to finish, to stop**

끝내다. 마무리하다.

We'll be able to wind up this meeting by tomorrow.

우리는 내일까지 이번 회담을 마무리할 수 있을 것이다.

❑ **To work down to the wire – to work until just before the deadline**

마감 순간까지 일을 하다.

❑ **To work out the kinks – to solve the problems 문제를 해결하다.**

❑ **To wrap up – to finish (a job) 끝내다.**

As soon as I wrap up this assignment, I'll be able to take a vacation.

이번 과제를 끝내면 곧 휴가를 낼 수 있을 것이다.

Y

❑ **Yes man – an employee who always agrees with the boss or always does what the boss says**

예스맨 (상사 말에 항상 복종하는 사람)

REFERENCES

Barrass, R. (2002). *Writing at Work: A guide to better writing in administration, business and management.* London: Routledge.

Belson, D. (1955). *What to Say and how to Say It: For all occasions*. New Jersey: Castle.

Brett, J. M. (2007). *Negotiating Globally: How to negotiate deals, resolve disputes, and make decisions across cultural barriers*. (2nd ed.) San Francisco: Jossey-Bass.

Brusaw, C. T., Alred, G. J., & Oliu, W. E. (1993). *The Business Writer's Handbook*. (4th ed.) New York: St. Martin's Press.

Camp, J. (2002). *Start with No: The negotiating tools that the pros don't want you to know*. New York: Crown Business.

Cellich, C. & Jain, S. C. (2004). *Global Business Negotiations: A practical guide*. USA: Thomson.

Cleary, P. J. (2001). *The Negotiation Handbook*. New York, London: M.E. Sharpe.

Cohen, R. (1991). *Negotiating Across Cultures: Communication obstacles in international diplomacy*. Washington D.C.: United States Institute of Peace Press.

Dawson, R. (1999). *The Secrets of Power Negotiating for Salespeople: Inside secrets from a master negotiator*. Franklin Lakes: Career Press.

Fisher, G. (1980). *International Negotiation: A cross-cultural perspective*. Chicago: International Press.

Fisher, R. & Ury, W. (1991). *Getting to Yes: Negotiating without giving in.* New York: Penguin Books.

Foster, D. A. (1992). *Bargaining across Borders: How to negotiate business successfully anywhere in the world.* New York, San Francisco, Washington D.C.: McGraw-Hill.

Gesteland, R. R. (2002). *Cross-cultural Business Behavior: Marketing, negotiating, sourcing and managing across cultures*. Denmark: Copenhagen Business School Press.

Holliday, M. (2000). *Secrets of Power Presentations: Overcome your fear of public speaking, build rapport and credibility with your audience. Prepare and deliver a dynamic presentation.* (2nd ed.) Franklin Lakes, NJ: Career Press.

Johnson, R. A. (1993). *Negotiation Basics: Concepts, skills, and exercises*. Newbury Park, London, New Delhi: Sage.

Karass, C. L. (1993). *Give and Take: The complete guide to negotiating strategies and tactics.* New York: Harper Business.

Kimball, C. & Van Gelder, J. (2007). *Ultimate Book of Business Letters: Customize your letters, memos, e-mails and presentations with the enclosed CD-ROM.* Canada: Entrepreneur.

Kublin, M. (1995). *International Negotiating: A primer for American business professionals*. New York: The Haworth Press.

Kumar, R. & Sethi, A. K. (2005). *Doing business in India*. New York: Palgrave Macmillan.

Lewicki, R. J. & Hiam, A. (2006). *Mastering Business Negotiations: A working guide to making deals and resolving conflicts*. San Francisco: Jossey-Bass.

Maggio, R. (1990). *How to Say It: Choice words, phrases, sentences, and paragraphs for every situation.* New Jersey: Prentice Hall.

March, R. M. & Wu, S. (2007). *The Chinese Negotiator*. Japan: Kondansha International.

Moran, R. T. & Stripp, W.G. (1991). *Dynamics of Successful International Business Negotiations.* Houston, London, Paris, Zurich, Tokyo: Gulf Publishing.

Morrison, T., Conaway, W. A. & Douress, J. J. (1997). *Dunn & Bradstreet's Guide to Doing Business Around the World.* Englewood Cliffs: Prentice Hall.

Pervez G. & Usunier, J. (eds.) (1996). *International Business Negotiations*. New York: Pergamon.

Pollan, S. M. & Levine, M. (2000). *Turning No into Yes.* New York: Harper Business.

Raiffa, H. (1982). *The Art and Science of Negotiation: How to resolve conflicts and get the best out of bargaining.* Cambridge, Massachusetts & London, England: Harvard University Press

Sant, T. (2004). *Persuasive Business Proposals: Writing to win more customers, clients, and contracts.* (2nd ed.) New York: Amacom.

Thomas, J. (2005). *Negotiate to Win: How to get the best deal every time.* New York: Collins.

Tomalin, B. & Nicks, M. (2007). *The World's Business Cultures and how to Unlock Them*. London: Thorogood.

Urech, E. (1998). *Speaking Globally: Effective presentations across international and cultural boundaries*. New Hampshire: Kogan Page.

Ury, W. (1993). *Getting Past No: Negotiating your way from confrontation to cooperation.* New York, Toronto, London, Sydney, Auckland: Bantam Books.

나는 영어로 협상한다!

국제협상을 성공으로 이끄는 전략영어

초판 인쇄 2008년 8월 20일
초판 발행 2008년 8월 30일

지은이 ▪ 임향옥
펴낸이 ▪ 박 철
펴낸곳 ▪ 한국외국어대학교 출판부
130-791 서울특별시 동대문구 이문동 270
T E L: 02)2173-2495~6
F A X: 02)2173-3363
홈페이지: http://press.hufs.ac.kr
전자우편: press@hufs.ac.kr
출판등록: 제6-6호(1969. 4. 30)
편집 · 디자인 ▪ ㈜이환D&B 02)2254-4301
인쇄 · 제본 ▪ 삼진피앤씨㈜ 02)2271-0860

ISBN 978-89-7464-505-2 13740 정가 12,000원

* 잘못된 책은 교환하여 드립니다.